W0071501

Soups

Martina Kittler

 Sip It, Baby!

Super Soups!

SMOOTHY ODER CHUNKY? RAW-FAN ODER WARM-BREAKFAST-SUPPIST? EGAL, WELCHER LÖFFELTYP DU BIST, SUPPEN SCHENKEN DIR IMMER HAPPINESS. DENN DAS TRENDFOOD KANN NOCH VIEL MEHR ALS NUR LECKER.

Löffelweise Glück

Diese Supersuppen wirken wie natürliche Medizin und bringen mit geballten Vitalstoffen Body & Soul in die Balance. So gesund und glücklich hast du dich noch nie gefühlt.

Wir haben hier für dich das Wichtigste und Aktuellste rund um das heiß geliebte Löffelfood gesammelt. Überall erwarten dich healthy Rezepte und geniale Facts & Hacks. Damit kannst du bei deinen Suppkultur-Freunden ordentlich trumpfen. Trau dich! Fang einfach an. Hier wird ausprobiert, wild experimentiert und neu entdeckt. Denn Kochen ist nicht nur Nahrungsaufnahme, sondern Genuss, Lifestyle und macht Spaß! Teile dein Glück unter #happyhealthykitchen und hol dir ein paar Likes bei deinen Freunden! Denn geteilter Genuss ist doppeltes Glück!

Stay healthy! Feel happy!

DIE GU-QUALITÄTS-GARANTIE

Wir möchten Ihnen mit den Informationen und Anregungen in diesem Buch das Leben erleichtern und Sie inspirieren, Neues auszuprobieren. Bei jedem unserer Bücher achten wir auf Aktualität und stellen höchste Ansprüche an Inhalt, Optik und Ausstattung. Alle Rezepte und Informationen werden von unseren Autoren gewissenhaft erstellt und von unseren Redakteuren sorgfältig ausgewählt und mehrfach geprüft. Deshalb bieten wir Ihnen eine 100%ige Qualitätsgarantie.

Darauf können Sie sich verlassen:
Wir legen Wert darauf, dass unsere Kochbücher zuverlässig und inspirierend zugleich sind. Wir garantieren:
• dreifach getestete Rezepte
• sicheres Gelingen durch Schritt-für-Schritt-Anleitungen und viele nützliche Tipps
• eine authentische Rezept-Fotografie

Wir möchten für Sie immer besser werden:
Sollten wir mit diesem Buch Ihre Erwartungen nicht erfüllen, lassen Sie es uns bitte wissen! Wir tauschen Ihr Buch jederzeit gegen ein gleichwertiges zum gleichen oder ähnlichen Thema um. Nehmen Sie einfach Kontakt zu unserem Leserservice auf. Die Kontaktdaten unseres Leserservice finden Sie am Ende dieses Buches.

GRÄFE UND UNZER VERLAG
Der erste Ratgeberverlag – seit 1722.

Inhalt

Healthy Broths

Smoothy Soups

Specials

Multi-Kulti-Souping

Sweet Soups

Soup-Benefits

HIER GIBT ES SUPER SUPPEN AUF DIE
LÖFFEL. JEDE SCHENKT ENERGIE
UND IST EIN WUNDERVOLLER SEELEN-
SCHMEICHLER. DU GENIESST, LÖFFELST
DICH WACH, SCHLANK UND SCHÖN:
SUPPE = SUPERFOOD!

Geballte Lebensenergie

Suppe macht fit, denn sie liefert von Flüssigkeit, Vitaminen
und Mineralstoffen über sekundäre Pflanzenstoffe alle
wichtigen Vitalstoffe. Dazu Ballaststoffe, die sättigen und
den Darm auf Trab bringen. In Suppen vereinen sich alle
Kräfte der Natur: Nährstoffe aus Gemüse und Obst, Proteine
aus Hülsenfrüchten, Fleisch oder Fisch sowie gesunde
Fettsäuren aus Ölen, Samen und Nüssen. Im Suppentopf
geht nichts verloren und es entstehen fantastische
Geschmackskombinationen.

Clean Eating

Nur wer sein Süppchen selber kocht, weiß, was er sich einbrockt: Alles
ist frisch zubereitet und so natürlich wie möglich. Verwende unverarbei-
tete Lebensmittel ohne Geschmacksverstärker, Zusatzstoffe und unge-
sunde industriell gehärtete Fette. Erspare deinem Körper zu viel Salz und
Zucker und wähle Bio-Produkte. So gönnst du deinen Organen eine
Verschnaufpause von zu viel unbekömmlicher Nahrung.

Souping statt Juicing

Tschüss grüne Smoothies und Gemüsesäfte – jetzt werden mineralstoffreiche Suppen gelöffelt. Mit viel frischem Gemüse, Obst, Nüssen und Samen sorgt Souping für den ultimativen Vitamin- und Geschmackskick und kurbelt auf natürliche Art den Stoffwechsel an. Schad- und Giftstoffe werden abgebaut, die Säure-Basen-Balance wieder hergestellt, du regenerierst, fühlst dich vitaler, dein Teint strahlt und die gute Laune steigt.

Seelenwärmer

Gerade in der kalten Jahreszeit wärmen Suppen Körper und Seele. Wohlgefühl und gute Laune breiten sich aus, vom Kopf bis in die Zehenspitzen. Angenehmer Nebeneffekt: Du schaltest einen Gang herunter. Eine warme Suppe sorgt dafür, dass du langsam und bewusst genießt, nicht schnell herunterschlingst. Du merkst: Der Stress lässt nach, Löffel für Löffel.

Healthy Broth

Ob du sie pur genießt oder eine Suppe daraus zauberst: Du solltest immer eine Brühe aus Gemüse, Geflügel, Knochen oder Fisch parat haben. Sie wirkt wie ein Jungbrunnen, heilt und macht glücklich. Beim Slow-Cooking gehen die Nährstoffe in die Brühe über, sie belastet nicht und strotzt vor Mineralien: Magnesium und Kalzium polstern die Nerven, Eisen und Zink unterstützen das Immunsystem. Die Aminosäure Glycin sorgt für mehr Sauerstoff im Blut, der Eiweißstoff Cystein wirkt entzündungshemmend und lässt bei Schnupfen die Schleimhäute abschwellen. Gelatine aus Knochenbrühe beugt Osteoporose vor und schmiert die Gelenke. Kollagen hält die Haut elastisch.

Hafer-Birnen-Soup

FÜR 2 PERSONEN
ZUBEREITUNGSZEIT: 15 MIN. |
GARZEIT: 10 MIN.
PRO PORTION: CA. 520 KCAL |
8 G E | 22 G F | 68 G KH

→ ½ Vanilleschote
→ 3 EL feine Haferflocken
→ 3 EL getrocknete Cranberrys
→ Salz
→ 500 ml Haferdrink
→ 2 kleine Birnen
→ 2 TL Ghee (s. S. 122)
→ 2 Msp. Zimtpulver
→ 2 EL Walnusskerne
→ 2 EL Sanddornmark mit Honig
  (Bioladen)

Healthy Facts

Diese Oatmeal-Suppe sorgt für einen Kickstart in den Tag. Hafer enthält jede Menge B-Vitamine und liefert mehr Eiweiß als anderes Getreide – das gibt Kraft, starke Nerven und sorgt für einen niedrigen Cholesterinspiegel. Zudem enthält Hafer Schleimstoffe, die die Verdauung regulieren.

1. Die Vanilleschote längs aufschneiden und das Mark herauskratzen. Vanille-schote und -mark, Haferflocken, 2 EL Cranberrys, 1 Prise Salz und Haferdrink in einem Topf aufkochen und zugedeckt bei kleiner Hitze ca. 10 Min. köcheln lassen. Dann die Suppe auf der ausgeschalteten Herdplatte 5 Min. quellen lassen.

2. Inzwischen die Birnen waschen, vierteln, die Kerngehäuse entfernen und die Viertel in ca. 1 cm breite Spalten schneiden. Die Hälfte der Spalten quer in dünne Scheiben schneiden und unter die Hafer-suppe rühren. Das Ghee in einer Pfanne erhitzen und die übrigen Birnenspalten darin bei mittlerer Hitze 1–2 Min. dünsten. Den Zimt untermischen und die Pfanne vom Herd nehmen. Die Walnüsse hacken.

3. Die Vanilleschote entfernen und das Sanddornmark unter die Hafersuppe rühren. Die Suppe in tiefe Teller oder Schalen verteilen und mit den Birnen-spalten belegen. Die Walnüsse und die übrigen Cranberrys daraufstreuen.

Flocken-Power

Chufa-Strawberry-Soup

Warm-up zum Frühstück mit Erdmandeln, Goji-Beeren und Chia: Damit gewinnst du Balance und Extrapunkte auf deinem Superfood-Konto.

FÜR 2 PERSONEN
ZUBEREITUNGSZEIT: 25 MIN.
PRO PORTION: CA. 550 KCAL |
10 G E | 24 G F | 69 G KH

→ 4 EL gemahlene Erdmandeln (Chufas; s. S. 122)
→ 2 EL Chia-Samen
→ 600 ml Kokos-Reis-Drink
→ 4 Pekannusskerne (ersatzweise Walnusskerne)
→ 200 g Erdbeeren
→ 1 Msp. Zimtpulver
→ 2 TL flüssiger Akazienhonig
→ 3 TL Kakao-Nibs (s. S. 122)
→ 3 TL getrocknete Goji-Beeren

1. Erdmandeln, Chia-Samen und Kokos-Reis-Drink in einem Topf aufkochen und zugedeckt bei kleiner Hitze ca. 15 Min. köcheln lassen, bis die Flüssigkeit fast vollständig aufgesogen ist.

2. Inzwischen die Nüsse grob hacken. Die Erdbeeren waschen, putzen und in Scheiben schneiden.

3. Die Chufa-Suppe mit Zimt und Honig verrühren, die Erdbeeren untermischen und in Schalen verteilen. Mit den Nüssen, Kakao-Nibs und Goji-Beeren bestreuen.

Mal mit Oats

Du hast gerade keine Erdmandeln zur Hand? Dann nimm alternativ zarte Haferflocken. Die aromatische Wohlfühl-Suppe schmeckt auch damit wunderbar samtig.

Hirse-Soup mit Pfirsich

Verwöhn dich schon am Morgen mit warmem, süßen Beauty-Food – die beste Voraussetzung für schöne Haut, glänzendes Haar und feste Nägel.

FÜR 2 PERSONEN
ZUBEREITUNGSZEIT: 30 MIN.
PRO PORTION: CA. 280 KCAL |
6 G E | 8 G F | 43 G KH

→ ½ Vanilleschote
→ 250 ml Nussdrink (z.B. Haselnuss- oder Macadamiadrink)
→ Salz
→ 50 g Hirse
→ 10 Haselnusskerne
→ 2 Pfirsiche
→ 60 g Heidelbeeren
→ 1 Stängel Zitronenmelisse
→ 1 Orange
→ 1 EL Agavendicksaft

1. Die Vanilleschote längs aufschneiden und das Mark herauskratzen. Vanilleschote, -mark, Nussdrink, 1 Prise Salz und 250 ml Wasser in einem Topf aufkochen. Die Hirse einstreuen und unter häufigem Rühren bei kleiner Hitze in ca. 15 Min. quellen lassen.

2. Inzwischen die Nüsse grob hacken. Die Pfirsiche waschen, halbieren und die Kerne entfernen. Zwei Pfirsichhälften in Spalten, die übrigen in kleine Stücke schneiden. Die Heidelbeeren waschen und trocken tupfen.

Die Zitronenmelisse waschen, trocken schütteln und die Blätter abzupfen.

3. Die Vanilleschote aus der Suppe entfernen. Die Orange auspressen und 5 EL Saft mit Agavendicksaft und Pfirsichstücken unter die Suppe rühren. Dann zugedeckt auf der ausgeschalteten Herdplatte weitere 5 Min. ziehen lassen.

4. Die Hirsesuppe in Schalen verteilen, die Pfirsichspalten und Heidelbeeren darauf anrichten. Mit den Nüssen und der Zitronenmelisse bestreut servieren.

Kaki-Quinoa-Bowl

Was gibt es bei Kälte Schöneres, als mit einer samtig-warmen Suppe in den Tag zu starten? Angereichert mit Granatapfel, Nüssen & Co. hält sie dich superfit und sorgt für einen extra Energy-Kick.

FÜR 2 PERSONEN
ZUBEREITUNGSZEIT: 30 MIN.
PRO PORTION: CA. 520 KCAL |
12 G E | 16 G F | 81 G KH

→ ½ Vanilleschote
→ 300 ml Mandeldrink
→ 50 g Quinoa
→ 2 reife Kaki
→ 2 TL Agavendicksaft
→ 2 TL Limettensaft
→ ½ TL Zimtpulver
→ 1 EL Kürbiskerne
→ 1 EL Cashewkerne
→ 1 EL Haselnusskerne
→ ½ Granatapfel
→ 2 TL Chia-Samen

1. Die Vanilleschote längs aufschneiden und das Mark herauskratzen. Vanilleschote, -mark und Mandeldrink in einem Topf bei mittlerer Hitze aufkochen. Die Quinoa abbrausen, abtropfen lassen, dazugeben und zugedeckt bei kleiner Hitze in ca. 20 Min. gar köcheln lassen.

2. Inzwischen die Kakis vierteln, den Stielansatz entfernen und die Viertel schälen. 6 Kakiviertel grob würfeln, mit Agavendicksaft, Limettensaft und Zimt in einem hohen Rührbecher mit dem Pürierstab fein mixen. Die übrigen Kakis in dünne Spalten schneiden. Kürbis-, Cashew- und Haselnusskerne grob hacken, 1 EL davon zum Garnieren beiseitelegen. Die Granatapfelkerne am besten in einer mit Wasser gefüllten Schüssel mit den Fingern oder mit einem Löffelstiel auslösen.

3. Die Suppe vom Herd nehmen, das Kakipüree, Kürbis-, Cashew-, Haselnusskerne und Chia-Samen unterrühren. Die Quinoa-Suppe in zwei Schalen verteilen. Die Kakispalten darauf verteilen und mit den Granatapfelkernen und übrigen Haselnüssen bestreut servieren.

Food for Fit

Kakis sind klasse, wenn du gesportelt hast. Da sie viel Glukose enthalten, können die leeren Speicher nach dem Training schnell wieder aufgefüllt werden. Außerdem bieten Kaki jede Menge Beta-Carotin, das unsere Zellen vor aggressiven Sauerstoffradikalen schützt.

Pink-Lady-Bowl

Schnell mal frisch gemacht: Die Breakfast-Soup mit Brombeeren und Açai ist eine Blitz-Wellnesskur und zaubert jedem Lila-Laune-Fan ein Lächeln ins Gesicht.

FÜR 2 PERSONEN
ZUBEREITUNGSZEIT: 20 MIN.
PRO PORTION: CA. 220 KCAL |
9 G E | 6 G F | 30 G KH

→ 2 TL Hanfsamen
→ 2 TL zarte Haferflocken
→ 30 g Baby-Spinat
→ 100 g TK-Heidelbeeren (ersatzweise TK-Brombeeren)
→ 1 reife Banane
→ 2 EL Limettensaft
→ 2 TL Açai-Pulver (s. S. 122)
→ 2 TL flüssiger Honig
→ 300 ml Buttermilch

1. Die Hanfsamen im Mörser zerstoßen und mit den Haferflocken in einer Pfanne ohne Fett 1–2 Min. rösten, herausnehmen und abkühlen lassen.

2. Den Spinat waschen und abtropfen lassen. Die Beeren waschen und abtropfen lassen, ein paar zum Garnieren beiseitelegen. Die Banane schälen und in Stücke schneiden. Spinat, Beeren, Banane, Limettensaft, Açai-Pulver, Honig und Buttermilch im Standmixer oder in einem hohen Rührbecher mit dem Pürierstab mixen.

3. Die Pink-Lady-Bowl in Schalen verteilen. Die übrigen Heidelbeeren hineingeben und die Bowl mit dem Hanfsamen-Haferflocken-Mix bestreut servieren.

Zum Schlürfen!

Guten Morgen, Löffelmuffel! Du kannst dir einen »Beerendienst« erweisen, wenn du den Traum in Pink mit 150 ml eiskaltem Mineralwasser (ohne Kohlensäure) aufmixt, in ein hohes Glas füllst und mit einem Trinkhalm schlürfst. In einer Twist-off-Flasche ist der Suppendrink auch super to go.

Tausendsassa Kohl

Ob in Grün, Rot oder Weiß, ob als Brokko-li, Blumenkohl oder Wirsing – der Allroun-der Kohl ist der Superstar in der Suppe. In ihm stecken jede Menge Vitamin A, B und C, extra viel Kalzium und Kalium, das den Wasserhaushalt reguliert. Ballaststoffe halten die Verdauung in Schwung. Kohlge-müse besitzt jede Menge Antioxidantien, die Zellzerstörung im Körper verhindern und freie Radikale unschädlich machen. Seine Bitterstoffe heizen den Fettstoff-wechsel an, Senföle wirken gegen Viren und Bakterien, Sulfide schützen das Herz. Außerdem liefert Kohl die Aminosäure Tryptophan: Sie kurbelt die Serotonin-bildung an und macht glücklich.

Power Greens

Brunnenkresse, Mangold, Spinat, Rucola, Pak Choi, Blattsalate – die grünen Blattge-müse-Helden strotzen nur so vor Chloro-phyll. Der Farbstoff wirkt blutbildend, bindet Gifte, fördert die Durchblutung und stärkt die Abwehrkräfte. Grüne Blätter sind proppenvoll mit sekundären Pflanzenstof-fen, die gut fürs Herz sind und den Stoffwechsel unterstützen.

All About Soup-Basics

TOPF FREI FÜR BUNTES GEMÜSE! DAVON KANN NICHT GENUG IN DIE SUPPE: FRISCH, REGIONAL UND SAISONAL. SEINE VITAL-STOFFE STIMULIEREN DAS IMMUNSYSTEM, DIE BALLASTSTOFFE WIRKEN IM DARM GEGEN UNLIEBSAME BAKTERIEN UND BRINGEN DIE VERDAUUNG AUF TRAB.

Starke Wurzeln & Knollen

In der Wurzel liegt die Kraft: Möhre, Pastinake, Petersilienwurzel, Sellerie, Rote Bete, Topinambur, Rettich und Zwiebel sind wahre Nährstoffbomben und die perfekten Zutaten für die Suppenküche. Sie stärken das Immunsystem, wirken entgiftend und versorgen den Körper mit basischen Mineralien. Stärkereiche Knollen wie Kartoffeln, Süßkartoffeln und Maronen binden Suppen cremig-sämig – ganz ohne Stärke, Eigelb oder Sahne.

Hülsen- & Körnerschätze

Linsen, Bohnen und Kichererbsen sind randvoll mit Mineralien (Kalium, Magnesium, Zink) und B-Vitaminen, eine klasse Eiweiß- und Ballaststoffquelle und können den Blutzuckerspiegel senken. Die glutenfreien Pseudogetreide Amarant, Buchweizen und Quinoa punkten mit hochwertigem Eiweiß, viel Kalzium und Eisen. Haferflocken wiederum schenken dank reichlich B-Vitaminen starke Nerven und beruhigen Magen und Verdauung.

Pilzpower

Was Proteine anbelangt, liefern Pilze das volle Programm: Sie versorgen uns mit essenziellen Aminosäuren, die der Körper selbst nicht herstellen kann. Champignons, Shiitake & Co. punkten mit B-Vitaminen für die Nerven, Vitamin D für Immunsystem und Knochen sowie mit Eisen und Zink für die Abwehrkräfte.

Gemüsefrüchtchen

Buntes löffeln! Aubergine, Kürbis, Paprika, Tomaten und Zucchini bieten ein komplettes Vitalstoffpaket: Folsäure ist super für Blut und Zellen sowie an der Bildung der Gute-Laune-Stoffe Dopamin und Serotonin beteiligt. Viel Kalium hält den Wasser- und Elektrolyt-Haushalt in Balance und Phosphor stärkt gemeinsam mit Kalzium Knochen und Zähne.

Green Smoothie-Power-Bowl

Morning-Aufpepper in Quietschgrün: Kiwi, Avocado und Grünkohl sorgen für den guten Ton, Matcha-Tee macht munter und konzentriert, Flocken pushen mit Energie.

FÜR 2 PERSONEN
ZUBEREITUNGSZEIT: 30 MIN.
PRO PORTION: CA. 540 KCAL |
15 G E | 31 G F | 44 G KH

→ 2 EL gemahlene Erdmandeln
  (Chufas; s. S. 122)
→ 2 EL Lupinenflocken
→ 2 EL Amarantflocken
→ 200 ml Kokos-Reis-Drink
→ 1 kleiner grüner Apfel
→ 1 Kiwi
→ 2 Medjool-Datteln
→ 50 g junger Grünkohl (ersatzweise
  Baby-Spinat)
→ ½ Avocado
→ 2 EL Limettensaft
→ 1 TL Matcha-Tee (s. S. 123)
→ 60 g Himbeeren
→ 2 EL Kokos-Chips
→ 1 TL Mohnsamen

1. Erdmandeln, Lupinen- und Amarant-flocken in einer Schüssel mit dem Kokos-Reis-Drink verrühren und 10–12 Min. quellen lassen.

2. Den Apfel waschen, vierteln und das Kerngehäuse entfernen. Die Viertel in Stücke schneiden. Die Kiwi schälen, halbieren und in Scheiben schneiden. Die Datteln entkernen und klein schneiden. Den Grünkohl putzen, waschen, trocken schütteln und grob schneiden. Die Avocado entkernen, das Fruchtfleisch mit einem Löffel aus der Schale heben und grob zerteilen.

3. Apfel, die Hälfte der Kiwi, Datteln, Avocado und die Flockenmischung im Standmixer oder in einem hohen Rühr-becher mit dem Pürierstab grob mixen. Grünkohl, Limettensaft, Matcha-Tee und 250 ml kaltes Wasser dazugeben und alles cremig pürieren.

4. Die Himbeeren verlesen, abbrausen und trockentupfen. Die Smoothie-Bowl in Schalen verteilen. Die Himbeeren und die übrigen Kiwischeiben darauflegen. Die Power-Bowl mit Kokos-Chips und Mohnsa-men bestreut servieren.

Frischekick!

Eine eiskalte Smoothie-Bowl lässt sich super vorbereiten: Die Apfel- und Kiwistücke in einer Plastikbox oder einem Gefrier-beutel mindestens 3 Std. (besser über Nacht) einfrieren und dann mit den übrigen Zutaten in einem starken Standmixer fein pürieren. Klappt auch perfekt mit Mango oder Banane.

Bananen-Rhabarber-Soup

FÜR 2 PERSONEN
ZUBEREITUNGSZEIT: 25 MIN. |
EINWEICHZEIT: 12 STD.
PRO PORTION: CA. 335 KCAL |
5 G E | 24 G F | 26 G KH

→ 50 g Macadamianusskerne
→ 150 g Rhabarber
→ 2 TL Kokosblütenzucker (ersatzweise Rohrohrzucker)
→ 1 TL Kokosöl
→ 1 reife Banane (ca. 150 g)
→ ½ TL gemahlene Vanille
→ 200 ml Kokoswasser (ersatzweise Wasser)
→ 1 EL getrocknete Maulbeeren (s. S. 123; ersatzweise getrocknete Berberitzen)
→ 2 TL geschroteter Leinsamen

1. Am Vortag die Macadamianüsse in einer Schüssel mit 125 ml Wasser bedecken und über Nacht einweichen.

2. Am Zubereitungstag den Rhabarber putzen, waschen, nach Belieben schälen, 50 g in sehr dünne Scheiben, den Rest in ca. ½ cm dicke Scheiben schneiden. Die dickeren Rhabarberscheiben mit Zucker und 5 EL Wasser in einem Topf zugedeckt bei mittlerer Hitze ca. 5 Min. dünsten.

3. Inzwischen das Kokosöl in einer Pfanne erhitzen und die übrigen Rhabarberscheiben darin 1–2 Min. dünsten. Die Banane schälen und in Scheiben schneiden, ein paar Scheiben beiseitelegen.

4. Die Macadamianüsse mit dem Einweichwasser, den Rhabarber mit der Garflüssigkeit, Banane, Vanille und Kokoswasser im Standmixer oder in einem hohen Rührbecher mit dem Pürierstab mixen.

5. Die Suppe in Schalen oder tiefe Teller verteilen, mit den übrigen Bananen- und gedünsteten Rhabarberscheiben belegen. Die Maulbeeren und den Leinsamen daraufstreuen.

Nuss-Wunder

Reden wir nicht lang um die heiße Suppe herum – Macadamianüsse sind ziemlich fett. Dennoch: Wenn du täglich 10 Nüsse knabberst, freut sich dein Herz! Denn Nüsse enthalten »gute«, ungesättigte Fettsäuren, die den Cholesterinspiegel senken können. Dazu kommen reichlich Magnesium, Phosphor, viel Kalzium und jede Menge B-Vitamine für gute Nerven und gesunde, kräftige Knochen.

Golden Mango-Milk

Strahlend gelb, glutenfrei und tropenfruchtig: Diese Bowl bringt die Sonne auf den Frühstückstisch, ist prallvoll mit Vitalstoffen und deshalb ein wahrer Jungbrunnen.

FÜR 2 PERSONEN
ZUBEREITUNGSZEIT: 30 MIN.
PRO PORTION: CA. 405 KCAL |
9 G E | 21 G F | 44 G KH

- → 2 Stängel Minze
- → 2 Stängel Basilikum
- → 2 EL Cashewmus
- → 3 EL Limettensaft
- → 1 reife Mango
- → 1 Stück Kurkuma (ca. 25 g)
- → 1 Stück Ingwer (5 cm lang)
- → 2 TL Kokosöl
- → 2 EL Agavendicksaft
- → 300 ml Mandeldrink
- → 2 Msp. gemahlener Kardamom
- → 1 EL Cashewkerne
- → 50 g Heidelbeeren
- → Minzeblätter (nach Belieben)

1. Minze und Basilikum waschen, trocken schütteln, die Blätter abzupfen und grob schneiden. Kräuterblätter, Cashewmus, 1 EL Limettensaft und 5 EL kaltes Wasser in einem hohen Rührbecher mit dem Pürierstab cremig mixen. Die Cashewcreme in eine Schale geben.

2. Die Mango schälen, das Fruchtfleisch vom Stein schneiden. Ein Viertel des Fruchtfleischs in kleine Würfel schneiden und beiseitestellen. Die übrige Mango in grobe Stücke schneiden. Kurkuma und Ingwer schälen und fein reiben. (Beim Verarbeiten von Kurkuma Einmalhandschuhe tragen, sie färbt stark gelb.) Mango, Kurkuma, Ingwer, Kokosöl, Agavendicksaft, Mandeldrink und Kardamom im Standmixer oder in einem hohen Rührbecher mit dem Pürierstab glatt mixen.

3. Die Mango-Milk in einem Topf erhitzen und ca. 5 Min. köcheln lassen. Die Cashewkerne hacken. Die Heidelbeeren waschen und abtropfen lassen. Die Mango-Milk in Schalen verteilen, je ein Klecks Cashewcreme, Cashewkerne, Heidelbeeren und die übrigen Mangowürfel daraufgeben. Nach Belieben mit Minze garnieren.

Let's Get Frosty

An heißen Tagen kannst du die fruchtige Mangosuppe eiskalt genießen: Dafür die Zutaten mit 4–5 Eiswürfeln im Mixer glatt mixen. (In einem normalen Standmixer Crushed Ice verwenden.) Noch cooler: Die Suppe vor dem Servieren ca. 1 Std. in den Kühlschrank stellen.

Öko-Benefits

KOCH DEINE SUPPE SELBST UND ICH
SAG DIR, WAS DU AUSLÖFFELST:
JEDE MENGE GESCHMACK, GESUNDE
INHALTSSTOFFE UND LEBENSMITTEL,
DIE ÖKOLOGISCH UND SOZIAL VER-
TRETBAR SIND. DAS IST NACHHALTIG!

One Pot to Go

An Tagen, an denen die Zeit mal wieder zu knapp zum Kochen ist, stehst du
im Supermarkt und denkst: Warum nicht fix eine Bio-Suppe aus der Flasche,
im Plastik- oder Pappbecher kaufen? Das ist out! Jetzt kocht jeder sein
eigenes Süppchen und füllt es in ein Immer-wieder-verwendbar-Gefäß.
Perfekt sind Einmach- oder Twist-off-Gläser, Keramikbecher mit Deckel und
Isoliergefäße, in denen die Suppe den ganzen Tag warm bleibt. So vermeidest
du jede Menge Verpackungsmüll und schonst Ressourcen, denn die Herstellung von Fertigsuppen in Gläsern oder Bechern ist energieaufwendig.

Bio, logisch!

Ohne Frage, Bio-Produkte sind gesünder und erste Wahl. Damit vermeidest du die Belastung mit Rückständen aus konventioneller Landwirt-
schaft. Außerdem schmecken Gemüse und Obst aus Öko-Anbau besser
und liefern mehr lebensnotwendige Inhaltsstoffe. Auch in die Bone Broth
(s. S. 57) gehören am besten nur Bio-Fleisch und -Knochen von Tieren aus
Weidehaltung. Damit leistest du einen Beitrag zum Klimaschutz: Dauer-
grünland kann Kohlendioxid aus der Atmosphäre zurückbinden.

Heimisch, frisch und saisonal

Gemüse und Obst aus deiner Region und à la Saison haben Prio, auch wenn sie nicht immer biologisch angebaut sind. Sie punkten mit voller Reife, kurzen Transportwegen und fairem Preis. Beim Kauf heimischer Produkte unterstützt du Bauern und Unternehmer vor deiner Tür. Außerdem tust du deinem Körper Gutes: Frisch geerntetes Gemüse und Obst, das bald nach der Ernte im Laden liegt, hat viel mehr Geschmack und Vitalstoffe zu bieten. Keine Sorge, ohne Mango, Avocado und Orange musst du nicht leben. Alles in Maßen heißt die Devise. Über Tausende von Kilometern transportierte Exoten kosten viel Energie und belasten das Klima, vor allem, wenn es sich um Flugware handelt. Am besten druckst du einen Saisonkalender aus dem Internet aus, um die heimischen Erntezeiten zu checken. Oder du lässt dir regelmäßig eine Bio-Kiste frei Haus liefern. Iss heute genuss- und verantwortungsvoll und denke an morgen – so schmeckt Nachhaltigkeit!

Nichts verschwenden

Wer viel Suppe kocht, hat auch viel Abfall: kleine Gemüseabschnitte, Schalen und weniger schöne Teile, die beim Zuschneiden anfallen, lassen sich glänzend für eine Gemüsebrühe verwerten. From root to leaf kommt alles mit ca. 4 Liter Wasser, Gewürzen, Kräutern und Salz in einen großen Topf, der 2 bis 3 Stunden auf dem Herd blubbert, und in dem immer wieder Veggie-Reste (auch Kräuterstiele, Zwiebelschalen oder Pilzstiele) versenkt werden. Einmal am Tag abseihen, einmal am Tag aufkochen, und schon hast du die beste Basis für deine Suppen. Übrigens: Der Bauer im Hofladen ist froh, wenn du außer den vorbestellten Markknochen auch noch weniger edle Fleischstücke und Hühnerklein für deine Knochenbrühe mitnimmst.

Veggie-Würzpaste

So kochst du in Rekordzeit dein eigenes Süppchen: einfach Gemüsebrühepaste in heißes Wasser rühren, fertig! Und das mit gutem Gewissen, denn das selbst gemachte Aroma-Gewürz ist ganz ohne Zusatzstoffe.

FÜR 2 GLÄSER À 300 ML

→ 200 g Möhren
→ 100 g Knollensellerie
→ 100 g Petersilienwurzel
→ 100 g Lauch
→ 1 Zwiebel
→ 1 Knoblauchzehe
→ ½ Bund Petersilie
→ 100 g Meersalz

1. Möhren, Sellerie und Petersilienwurzel schälen. Den Lauch putzen und gründlich waschen. Zwiebel und Knoblauch schälen, grob würfeln. Die Petersilie waschen, trocken schütteln, die Blätter abzupfen und mit dem Gemüse, Zwiebel und Knoblauch im Blitzhacker fein zerkleinern (Bild 1).

2. Das Salz dazugeben und kurz untermixen (Bild 2). Die Paste in sterile Twist-off-Gläser füllen (Bild 3). Sie hält sich im Kühlschrank ca. 1 Jahr und ist – versehen mit einem hübschen Etikett aus dem Buch (siehe letzte Buchseite) – eine tolle Geschenkidee. Oder du füllst die Würzpaste in Eiswürfelbehälter und stellst sie ins Tiefkühlfach. Dann kannst du sie noch länger aufbewahren.

Fixe Brühe

Für eine Gemüsebrühe 1–2 TL Würzpaste (Menge je nach Geschmack) mit 200 ml kochend heißem Wasser verrühren. Wichtig: Die Paste immer nur mit einem sauberen Löffel entnehmen, sonst fängt sie schnell an zu schimmeln.

Rote Nektarinen-Gazpacho

FÜR 2 PERSONEN
ZUBEREITUNGSZEIT: 30 MIN. |
KÜHLZEIT: 1 STD.
PRO PORTION: CA. 230 KCAL |
5 G E | 16 G F | 15 G KH

→ 1 rote Spitzpaprika (ca. 100 g)
→ 1 rote Peperoni
→ 1 Stange Staudensellerie
→ 200 g reife Tomaten
→ 1 kleine rote Zwiebel
→ 1 kleine Knoblauchzehe
→ 1 reife Nektarine (ca. 150 g)
→ 100 ml Tomatensaft
→ 1 EL Rotweinessig
→ 1 ½ EL Limettensaft
→ 2 EL Olivenöl
→ 1 EL gemahlene Mandeln
→ Salz | Pfeffer
→ 3 Stängel Basilikum
→ 1 EL Mandelblättchen
→ Crushed Ice (nach Belieben)

1. Paprika und Peperoni halbieren, weiße Trennhäute und Kerne entfernen, die Hälften waschen. Den Sellerie putzen und waschen. Die Tomaten waschen und den Stielansatz entfernen. Zwiebel und Knoblauch schälen. Alle Gemüse in grobe Stücke schneiden. Die Nektarine waschen, halbieren, entsteinen und grob würfeln.

2. Die Nektarine und die Gemüse mit dem Tomatensaft und 100 ml kaltem Wasser im Standmixer oder in einem hohen Rührbecher mit dem Pürierstab sehr fein mixen. Essig, Limettensaft, Öl, Mandeln und 1 TL Salz dazugeben und erneut kräftig mixen. Die Suppe mit Salz und Pfeffer würzig abschmecken und mindestens 1 Std. kühl stellen.

3. Das Basilikum waschen, trocken schütteln und die Blätter abzupfen. Die Suppe durchrühren, in Schalen verteilen und mit Mandelblättchen und Basilikum bestreuen. Damit die Suppe schön kühl bleibt, kannst du die Schalen nach Belieben auf mit Crushed Ice gefüllte tiefe Teller stellen.

Bärlauch-Gazpacho

Auch wenn es dir spanisch vorkommt: Andalusiens Suppenklassiker ist auch in Grün total erfrischend. Dazu ½ Salatgurke, 1 grüne Spitzpaprika, 1 Avocado, 2 Frühlingszwiebeln und 1 grüne Peperoni putzen, waschen, ggf. schälen und grob schneiden. 50 g Bärlauch waschen, grob schneiden und mit dem Gemüse, 1 EL Apfelessig, je 100 ml Kokosmilch und Wasser mixen. 1 Std. kalt stellen und mit 1 EL Pinienkernen bestreut servieren.

Scharfer Gurken-Joghurt

Zaziki-Variation mit Beauty-Bonus: Die erfrischende, sommerliche Suppe mit viel Gemüse und Extra-Pep bringt deine Haut von innen zum Strahlen.

FÜR 2 PERSONEN
ZUBEREITUNGSZEIT: 20 MIN.
PRO PORTION: CA. 205 KCAL |
6 G E | 16 G F | 9 G KH

→ ½ Salatgurke (ca. 200 g)
→ Salz
→ 300 g Joghurt
→ 2 EL Zitronensaft
→ 1 TL Pul Biber
→ 1 Knoblauchzehe (nach Belieben)
→ 1 Frühlingszwiebel
→ 4 bunte Snack-Paprika (orange, gelb, rot)
→ 2 EL Olivenöl

1. Die Gurke schälen, längs halbieren und die Kerne mit einem Löffel herausschaben. Die Hälften grob raspeln, in einer Schüssel mit Salz bestreuen und kühl stellen.

2. Den Joghurt mit 125 ml Wasser, Zitronensaft und ½ TL Pul Biber verquirlen. Nach Belieben den Knoblauch schälen und dazupressen. Die Frühlingszwiebel putzen, waschen, den weißen und hellgrünen Teil in feine Ringe schneiden. Die Paprika putzen, waschen und ebenfalls in feine Ringe schneiden.

3. Die Gurkenraspel mit Hilfe von Küchenpapier leicht ausdrücken und mit der Hälfte der Paprika und Frühlingszwiebel unter den Joghurt mischen. Den Gurken-Joghurt in tiefe Teller oder Schalen verteilen und die übrigen Paprika- und Frühlingszwiebelringe darüberstreuen. Jeweils 1 EL Olivenöl darüberträufeln und mit dem restlichen Pul Biber bestreuen.

DIY-Gurkenmaske

Bye, bye, müder Teint! Gurke und Joghurt wirken als Schönheitselixier nicht nur von innen, sondern als Maske auch von außen. Dank der Vitamine A, E und C sind sie straffend und belebend, und spenden der Haut Feuchtigkeit. Der Teint wird natürlich frisch und schön. So geht's: ⅓ Salatgurke waschen, klein schneiden und pürieren. Mit 2 EL Joghurt verrühren und im Gesicht verteilen. Mindestens 20 Min. einwirken lassen, dann abspülen.

Batate-Curry-Soup

FÜR 2 PERSONEN
ZUBEREITUNGSZEIT: 25 MIN.
PRO PORTION: CA. 275 KCAL |
5 G E | 10 G F | 35 G KH

→ 300 g Süßkartoffeln (Batate)
→ 150 g reife Papaya
→ 1 Stück Ingwer (1 cm lang)
→ 1 EL Kokosöl
→ ½ EL Currypulver
→ ¼ TL gemahlene Kurkuma
→ Salz | Pfeffer
→ 1 EL Cashewmus
→ 300 ml kalte Gemüsebrühe (s. S. 47; ersatzweise Instant-Brühe)
→ 1 Handvoll Shiso-Kresse
→ 25 g gemischte Sprossen (z.B. Alfalfa, Erbsen, Rettich)

1. Die Süßkartoffeln schälen, waschen und klein würfeln. Die Papaya vierteln, entkernen, schälen und grob schneiden. Den Ingwer schälen und fein reiben. Das Kokosöl in einer kleinen Pfanne schmelzen. Currypulver, Kurkuma, Salz und Pfeffer dazugeben und ca. 1 Min. anrösten.

2. Die Gewürzmischung mit Süßkartoffeln, Papaya, Ingwer, Cashewmus und Brühe in einen leistungsstarken Standmixer geben. Alles zuerst auf kleiner Stufe und dann auf höchster Stufe cremig-fein pürieren. Mit Salz und Pfeffer abschmecken und, falls die Suppe zu dickflüssig ist, noch ca. 100 ml Wasser untermixen.

3. Die Kresse waschen und trocken schütteln. Die Sprossen in einem Sieb abbrausen und abtropfen lassen. Die Suppe in Schalen oder Teller verteilen. Mit Kresse und Sprossen bestreuen und servieren.

Kartoffel-Contest

Süßkartoffeln und Kartoffeln sind botanisch nicht verwandt, in puncto Zubereitung aber sehr ähnlich. Die Süßkartoffel kann man jedoch auch roh essen. Doch welche Knolle ist nun gesünder? Bei Kalorien, Kohlenhydraten, Eiweiß, Fett, Kalium, Magnesium, Eisen und Kalzium herrscht Gleichstand. Bei Beta-Carotin, Vitamin C, E und Ballaststoffen hat die Süßkartoffel die Nase vorn. In Sachen Zucker, Folsäure und Phosphor punktet die Kartoffel.

Nährstoff-Power

>> Take care of your body. It's the only place you have to live. <<

UNBEKANNTER VERFASSER

Erbsen-Wasabi-Cup-Soup

Atemberaubender Green-Shot für gute Laune: Die Suppe ist voll mit bioaktiven Vitalstoffen und im Schraubglas auch to go.

FÜR 2 PERSONEN
ZUBEREITUNGSZEIT: 15 MIN. |
KÜHLZEIT: 1 STD.
PRO PORTION: CA. 90 KCAL |
5 G E | 5 G F | 5 G KH

→ 100 g TK-Erbsen
→ 1 Frühlingszwiebel
→ 80 g junger Grünkohl
→ 3 Stängel Koriandergrün
→ 1 Stiel Minze
→ 2 TL Wasabi
→ 350 ml kalte Gemüsebrühe (s. S. 47; ersatzweise Instant-Brühe)
→ 1 EL Limettensaft | Salz
→ 2 TL heller Sesam

1. Die Erbsen antauen lassen. Die Frühlingszwiebel putzen, waschen und grob schneiden. Den Grünkohl putzen, waschen, abtropfen lassen und grob schneiden. Die Kräuter waschen, trocken schütteln, die Blätter abzupfen und ein paar davon zum Garnieren beiseitelegen.

2. Erbsen, Frühlingszwiebel, Grünkohl, Kräuter, Wasabi und Brühe im Standmixer oder in einem hohen Rührbecher mit dem Pürierstab zuerst auf kleiner Stufe, dann auf höchster Stufe fein mixen. Die Suppe mit Limettensaft und Salz würzen und ca. 1 Std. kühl stellen.

Good to Know

Wenn du magst, kannst du die Erbsen-Wasabi-Soup auch leicht erwärmen. Aber bitte nicht über 42°, sonst werden Vitamin C und Folsäure zerstört.

3. Den Sesam in einer kleinen Pfanne ohne Fett bei mittlerer Hitze goldbraun rösten. Herausnehmen und abkühlen lassen. Die Suppe in Tassen verteilen und mit den übrigen Kräutern und Sesam bestreuen.

Blumenkohl-Bananen-Cup-Soup

verteilen und mit Sesam und den übrigen Korianderblättern bestreuen.

Blumenkohl kann auch roh-vegan und richtig scharf. Kokosmilch und Banane federn die Schärfe sanft und aromatisch ab.

FÜR 2 PERSONEN
ZUBEREITUNGSZEIT: 20 MIN.
PRO PORTION: CA. 285 KCAL |
7 G E | 22 G F | 12 G KH

→ 200 g Blumenkohlröschen
→ 1 kleine reife Banane (ca. 150 g)
→ 1 Limette
→ 1 grüne Chilischote
→ 3 Stängel Koriandergrün
→ 200 ml Kokosmilch
→ 250 ml kalte Gemüsebrühe (s. S. 47; ersatzweise Instant-Brühe)
→ Salz | Pfeffer
→ 2 TL schwarzer Sesam

1. Den Blumenkohl putzen, waschen, trocken schütteln und klein schneiden. Die Banane schälen und in Scheiben schneiden. Den Saft der Limette auspressen. Die Chilischote längs aufschneiden, weiße Trennhäute und Kerne entfernen, die Hälften waschen und klein würfeln. Den Koriander waschen, trocken schütteln und die Blätter abzupfen. Ein paar Korianderblätter für die Garnierung beiseitelegen.

2. Blumenkohl, Banane, Limettensaft, Chili, Koriander, Kokosmilch und Brühe im Standmixer oder in einem hohen Rührbecher mit dem Pürierstab zu einer sämigen Suppe mixen. Salzen, pfeffern, in Tassen

Healthy Facts

Blumenkohl hat es in sich, vor allem raw: Die komplette Palette der Vitamine von A über B-Vitamine, E, K und jede Menge Vitamin C. Er stärkt das Immunsystem, aktiviert körpereigene Abwehrkräfte, hilft Entzündungen abzubauen und verbessert den UV-Schutz der Haut.

Cantaloupe-Jalapeño-Soup

Etwas Besseres als diese fruchtig-pikante Suppe kannst du dir mittags nicht gönnen: jede Menge Vitamine und Mineralien wuppen dich über jedes Leistungstief hinweg.

FÜR 2 PERSONEN
ZUBEREITUNGSZEIT: 20 MIN.
PRO PORTION: CA. 140 KCAL |
4 G E | 6 G F | 17 G KH

→ 400 g Cantaloupe-Melone
→ 1 kleine Fenchelknolle
→ ½ Bio-Limette
→ 2 TL geschnittene Jalapeño (Glas)
→ 1 EL Olivenöl
→ 1 TL flüssiger Honig
→ 4 Crushed Ice (ersatzweise Eiswürfel)
→ 3 Stängel Minze
→ Salz | Pfeffer
→ 2 EL Soja-Joghurtalternative mit Mandeln

1. Die Melone entkernen, schälen und würfeln. Den Fenchel putzen, waschen, längs vierteln und den Strunk entfernen, das Grün beiseitelegen. Die Viertel in kleine Würfel schneiden. Die Limette heiß waschen, abtrocknen, die Schale fein abreiben und den Saft auspressen. Die Jalapeño abtropfen lassen.

2. Melone, Fenchel, Limettensaft, -schale, Jalapeño, Öl, Honig, 150 ml kaltes Wasser und Crushed Ice in den Standmixer geben. (Bei Verwendung von Eiswürfeln unbedingt einen Hochleistungsmixer verwenden.) Alle Zutaten zuerst auf kleiner Stufe, dann auf höchster Stufe fein pürieren.

3. Die Minze waschen, trocken schütteln, die Blätter abzupfen und ein paar davon beiseitelegen. Die übrigen Blätter und das Fenchelgrün grob hacken, mit etwas Salz und Pfeffer in den Mixer geben und alles kurz und kräftig mixen. Die Suppe in Gläser verteilen, je 1 EL Joghurt daraufgeben und mit den restlichen Minzeblättern garniert servieren.

Eiskalt serviert

Genial: Crushed Ice oder Eiswürfel kühlen die Suppe so schnell, dass du sie sofort wegschlürfen kannst. Für to go bleibt sie in einer Thermoskanne eiskalt. Oder du mixt sie ohne Eis, gibst dafür 100 ml mehr Wasser dazu, füllst sie in ein Twist-off-Glas und stellst sie 2–3 Std. kühl.

Chilled Romana-Kräuter-Soup

FÜR 2 PERSONEN
ZUBEREITUNGSZEIT: 30 MIN. |
KÜHLZEIT: 2 STD.
PRO PORTION: CA. 255 KCAL |
11 G E | 15 G F | 15 G KH

→ 80 g gemischte Kräuter (z.B. Schnittlauch, Petersilie, Dill, Sauerampfer,
  Estragon, Pimpinelle)
→ 1 Römersalatherz (ca. 150 g)
→ 1 kleiner Apfel
→ 1 Schalotte
→ 1 Bio-Zitrone
→ 300 ml kalte Gemüsebrühe (s.S. 47;
  ersatzweise Instant-Brühe)
→ 100 g Schwedenmilch (ersatzweise
  Dickmilch)
→ 1 EL Walnussöl
→ Salz | Pfeffer
→ 1 TL flüssiger Honig
→ 1 EL Mandelblättchen

1. Die Kräuter waschen, trocken schütteln
und ein paar Stiele beiseitelegen, die übrigen grob schneiden. Den Salat putzen,
waschen, trocken schleudern, 2 Blätter
beiseitelegen, die restlichen grob
schneiden.

2. Den Apfel waschen, vierteln, das Kerngehäuse entfernen und die Viertel fein
würfeln. Die Schalotte schälen und ebenfalls klein würfeln. Die Zitrone heiß waschen, abtrocknen, ½ TL Schale abreiben
und den Saft auspressen.

3. Kräuter, Salat, Apfel, Schalotte und
Brühe im Standmixer oder in einem hohen
Rührbecher fein mixen. Die Schwedenmilch und das Walnussöl kurz und kräftig
untermixen. Mit Salz, Pfeffer, Zitronenschale, 2 EL Zitronensaft und Honig würzen. Die Kaltschale mindestens 2 Std. in
den Kühlschrank stellen.

4. Die Mandeln in einer Pfanne goldbraun
rösten, herausnehmen und abkühlen lassen. Die Suppe in tiefe Teller oder Schalen
verteilen. Die übrigen Salatblätter aufrollen, in feine Streifen schneiden und mit
den Mandeln auf der Suppe verteilen. Die
Blätter der restlichen Kräuter abzupfen,
die Kräuter fein schneiden und ebenfalls
auf die Suppe streuen.

Kräuter-Kräfte

Wunderbar frisch, leicht und im
Handumdrehen zubereitet ist
diese erfrischende, leichte Suppe.
Die Kräuter entfalten ihr üppiges Aroma am besten, wenn du
die Kaltschale möglichst lange,
am besten über Nacht, mit den
anderen Zutaten gemixt im Kühlschrank durchziehen lässt.

Raw Rote-Bete-Soup

Erkältung im Anflug? Schlecht drauf oder müde? Dagegen gibt's was: Die rote Suppe ist schnell gemixt und pusht das Immunsystem mit vitalstoffreicher Power.

FÜR 2 PERSONEN
ZUBEREITUNGSZEIT: 20 MIN.
PRO PORTION: CA. 300 KCAL |
10 G E | 22 G F | 15 G KH

→ 1 Rote Bete mit Blättern (ca. 200 g)
→ ½ reife Avocado
→ 100 g Apfel
→ 20 g Walnusskerne
→ 2 EL Zitronensaft
→ Salz | Pfeffer
→ 1 Stück Meerrettich (ca. 25 g)
→ 2 EL saure Sahne
→ 50 g Nordseekrabben

Good to Know

Trage am besten Einweghandschuhe, wenn du Rote Bete verarbeitest. So vermeidest du »blutige« Hände. Passiert es doch mal, kannst du die Farbe mit Zitronensaft entfernen. Die Anthozyane der Roten Bete verfärben sogar Urin und Stuhl. Das ist aber kein Grund zur Panik.

1. Von der Roten Bete die zarten Blätter abschneiden, waschen und beiseitelegen. Die Knolle schälen und klein würfeln. Die Avocado halbieren, den Kern entfernen, mit einem Löffel das Fruchtfleisch aus der Schale heben und grob zerteilen. Den Apfel waschen, vierteln, das Kerngehäuse entfernen und die Viertel klein schneiden. Die Walnüsse grob hacken.

2. Rote Bete, Avocado, Apfel, Walnüsse, Zitronensaft und 400 ml kaltes Wasser im Standmixer oder in einem hohen Rührbecher mit dem Pürierstab zuerst auf kleiner Stufe, dann auf höchster Stufe cremig mixen. Mit Salz und Pfeffer würzen.

3. Den Meerrettich schälen und fein raspeln. Die Suppe in Schalen verteilen, jeweils 1 EL saure Sahne spiralförmig darauf verteilen. Den Meerrettich und die Krabben daraufstreuen. Mit den Rote-Bete-Blättern garniert servieren.

Fitte Fette & Öle

Ein paar Fettaugen auf der Suppe? Ja sicher, wenn es die richtigen sind! Kalt gepresste Pflanzenöle wie natives Olivenöl extra, Raps-, Argan- oder Hanföl enthalten gesunde ungesättigte Fettsäuren. Um die Öle zu schonen, träufelt man sie zum Schluss auf die Suppen oder erwärmt sie nur sanft. Das gilt auch für die Super- helden Lein- und Walnussöl. Ihre Ome- ga-3-Fettsäuren halten die Zellen jung und schützen das Herz. Kokosöl liefert rasch Energie, hilft als Fatburner und fördert die Aufnahme von essenziellen Fettsäuren und fettlöslichen Vitaminen. Das stark entzün- dungshemmende Ghee (s. S. 122) ist geklärte Butter aus dem Ayurveda.

Starke Nüsse & Samen

Reich an ungesättigten Fettsäuren, Mineralstoffen und B-Vitaminen: Hasel- und Walnüsse, Cashewkerne, Mandeln, Macadamianüsse, Sesamsamen, Sonnen- blumenkerne & Co. sind willkommene Gäste in der Suppe. Sie stärken das Immunsystem, sorgen für starke Nerven, Nägel und Haare und für einen guten Energiestoffwechsel. Das tun sie natürlich auch, wenn sie als leckere vegane Drinks oder als Nussmus in die Suppe kommen. Auch Chia-Samen, Chufas (Erdmandeln; s. S. 122) und Hanfnüsse liefern jede Menge Vitalstoffe extra.

All About Add-Ons

DECKEL HOCH FÜR DIE POWERPAKETE: KRÄUTER, GEWÜRZE, SPROSSEN, NÜSSE, KERNE UND ÖLE SIND REINSTE KÜCHEN- MEDIZIN. SIE PUSHEN DEN KÖRPER MIT VIELEN ENZYMEN, VITAMINEN, MINERALSTOFFEN SOWIE OMEGA-3-FETTSÄUREN UND UNTERSTÜTZEN DEN STOFFWECHSEL.

Soup Spices

Anis, Chili, Fenchel, Ingwer, Kardamom, Koriander, Kreuzkümmel, Kurkuma, Nelken, Pfeffer und Zimt heizen erst der Suppe und dann dem Stoffwechsel ein. Ihre ätherischen Öle fördern die Durchblutung, wirken schweißtreibend oder regen die Verdauung an – und wärmen so von innen. Damit sich das Aroma voll entfalten kann, am besten die Gewürze stets frisch mörsern oder mahlen.

Wundersprossen

Alfalfa, Erbsen, Linsen, Radieschen oder Rettich: Sprossen sind vitale Energiebündel und liefern uns das ganze Jahr hindurch frisches, saftiges Grün – aus dem Bio-Supermarkt oder aus eigener Zucht mithilfe eines Keimgeräts. Randvoll mit Vitaminen, Mineralien, Proteinen, Enzymen und sekundären Pflanzenstoffen in konzentrierter Form und bester Bioverfügbarkeit kann sie unser Körper leicht aufnehmen und verwerten.

Zitrus-Vibes

Zitrusfrüchte stecken voller Vitamin C, Ballaststoffe und Antioxidantien. Sie wirken entzündungshemmend, stärken das Immunsystem und entwässern. Ihre Bitterstoffe kurbeln die Verdauung an. Streue zum Beispiel eine zitrusfrische Gremolata über kräftige Suppen: Dafür 1 Bund Petersilie und 3 Knoblauchzehen sehr fein hacken und mit der abgeriebenen Schale von 2 Bio-Zitronen mischen.

Kräuterkraft

Frische Kräuter wie Basilikum, Minze, Petersilie, Koriander, Thymian, etc. würzen Suppen mit intensivem Aroma, wirken entschlackend, regen Kreislauf sowie Stoffwechsel an und senken den Blutdruck. Träufle ab und zu ein kräutersattes Pesto über herzhafte, cremige Suppen: Dafür 2 Bund Basilikum, 2 Knoblauchzehen, 50 g Pinienkerne, 50 g geriebenen Parmesan mit 1 TL Salz und 125 ml Olivenöl grob pürieren.

Basic-Gemüsebrühe

Ganz klar: Die schmackhafte Gemüsebrühe ist selbst gemacht und die Basis für viele Suppen. Darin stecken reichlich Mineralstoffe und jede Menge Anti-Aging-Medizin.

FÜR 3 L

→ 3 Möhren
→ 2 Petersilienwurzeln
→ 3 Stangen Staudensellerie
→ 1 dünne Stange Lauch
→ 2 Knoblauchzehen
→ 1 Stück Ingwer (ca. 4 cm lang)
→ ½ Bund Petersilie
→ 2 Stängel Liebstöckel
→ 1 Zwiebel
→ 10 schwarze Pfefferkörner
→ 6 Wacholderbeeren
→ 2 Lorbeerblätter | Salz

1. Möhren und Petersilienwurzeln putzen, schälen (Bio-Gemüse waschen und ungeschält verwenden) und in grobe Stücke schneiden. Sellerie und Lauch putzen, waschen und in grobe Stücke schneiden. Knoblauch und Ingwer schälen und in Scheiben schneiden. Petersilie und Liebstöckel waschen und trocken schütteln.

2. Die Zwiebel ungeschält halbieren und mit den Schnittflächen nach unten in einer Pfanne ohne Fett dunkel rösten (Bild 1).

3. Zwiebel, Knoblauch, Ingwer, Gemüse, Gewürze und Kräuter mit 3,5 l kaltem Wasser in einem großen Topf bei mittlerer Hitze zum Kochen bringen. Den Schaum abschöpfen (Bild 2). Die Hitze reduzieren und alles bei halb aufgelegtem Deckel mindestens 2 Std. köcheln lassen.

4. Die Brühe durch ein mit einem Passiertuch ausgelegtes Sieb gießen und salzen (Bild 3). Die Brühe heiß in sterile Twist-off-Gläser oder Gefrierboxen füllen und abkühlen lassen. Sie hält sich im Kühlschrank ca. 5 Tage, im Tiefkühlfach ca. 6 Monate.

Veggie-Mushroom-Broth

Mineralstoffreicher Zaubertrank mit Power-Wirkung: Pilze liefern jede Menge Anti-Aging-Medizin und Ingwer ist für seine antientzündlichen Benefits bekannt.

FÜR 2 PERSONEN
ZUBEREITUNGSZEIT: 45 MIN. |
GARZEIT: 2 STD.
PRO PORTION (300 ML): CA. 60 KCAL |
0 GE | 5 GF | 0 GKH

FÜR DIE BRÜHE (CA. 1 ¼ L)
→ 5 getrocknete Shiitake
→ 500 g gemischte Pilze (z.B. Champignons, Shiitake, Austernpilze)
→ 1 Bund Suppengrün
→ 1 Zwiebel
→ 2 Knoblauchzehen
→ 50 g Ingwer
→ 1 EL Olivenöl | Salz

ZUM SERVIEREN (FÜR 2 PORTIONEN)
→ Kräuterblätter (Petersilie, Koriandergrün, Basilikum)

1. Die getrockneten Shiitake in einer Schüssel mit 500 ml kochendem Wasser übergießen und ca. 30 Min. quellen lassen.

2. Inzwischen die Pilze putzen, trocken abreiben und grob schneiden. Das Suppengrün putzen, waschen oder schälen und klein schneiden. Zwiebel, Knoblauch und Ingwer schälen und fein würfeln.

3. Die getrockneten Shiitake in ein Sieb abgießen und die Einweichflüssigkeit auffangen. Das Öl in einem Topf erhitzen und die Zwiebel darin bei mittlerer Hitze glasig dünsten. Knoblauch, Ingwer, alle Pilze und das Suppengrün dazugeben, 5–7 Min. mitdünsten, dabei gelegentlich umrühren. Mit der Einweichflüssigkeit und 1 l Wasser ablöschen. Alles zum Kochen bringen und mit halb aufgelegtem Deckel ca. 2 Stunden sanft köcheln lassen.

4. Die Pilzbrühe durch ein Sieb gießen und mit 1 TL Salz würzen. Das Gemüse und die Pilze entsorgen. Die Brühe in sterile hitzebeständige Gefäße abfüllen, verschließen und abkühlen lassen. Sie hält sich gekühlt ca. 5 Tage, im Tiefkühlfach ca. 6 Monate.

5. Vor dem Servieren pro Portion 300 ml Pilzbrühe erhitzen, in Schalen verteilen und mit Kräutern bestreuen.

Flädle on Top

Mit Amarant-Flädle wird die Pilzbrühe zur sättigenden Suppe. Für 2 Personen 50 g Amarantmehl, 25 g Dinkelmehl (Type 630), 1 Ei, 125 ml Haferdrink und 1 Prise Salz verrühren, ca. 15 Min. ruhen lassen. In einer Pfanne jeweils ½ EL Olivenöl erhitzen und aus dem Teig nacheinander zwei Pfannkuchen backen. Die Pfannkuchen eng aufrollen und abgekühlt quer in Streifen schneiden. Die Flädle mit den Kräutern in die heiße Suppe geben.

Spargelsuppe mit Kerbelöl

Du hast üppiges Essen gerade dick? Dann löffle einfach einen light Fond aus frischen Spargelschalen! Dank seiner Asparaginsäure ist er optimal für eine kleine Detox-Kur.

FÜR 2 PERSONEN
ZUBEREITUNGSZEIT: 25 MIN. |
GARZEIT: 40 MIN. |
ABTROPFZEIT: 1 STD.
PRO PORTION: CA. 100 KCAL |
2 G E | 7 G F | 2 G KH

→ Schalen und Endstücke von 500 g weißem Spargel
→ ½ Zitrone
→ 500 ml Gemüsebrühe (s. S. 47; ersatzweise Instant-Brühe)
→ 1 Handvoll Kerbel (ca. 20 g)
→ 2 TL gehackte Mandeln
→ ½ kleine Knoblauchzehe
→ 1 EL Mandelöl
→ Salz | Pfeffer
→ 4 Stangen weißer Spargel

1. Die Spargelschalen und -endstücke waschen und abtropfen lassen. Den Saft der Zitrone auspressen. Die Brühe mit 250 ml Wasser, Zitronensaft, Spargelschalen und -endstücken in einem Topf bei mittlerer Hitze zum Kochen bringen und bei kleiner Hitze offen ca. 10 Min. garen. Den Topf vom Herd nehmen und die Spargelschalen weitere 30 Min. ziehen lassen. Ein Sieb mit einem Passiertuch auslegen, Spargelschalen mit Flüssigkeit hineingießen, ca. 1 Std. abtropfen lassen und den Fond dabei auffangen.

2. Inzwischen den Kerbel waschen, trocken schütteln, die Blätter abzupfen und fein hacken. Die Mandeln in einer Pfanne ohne Fett hellbraun rösten, herausnehmen und abkühlen lassen. Den Knoblauch schälen und fein hacken. Kerbel, Mandeln und Knoblauch mit dem Mandelöl mischen, mit Salz und Pfeffer würzen.

3. Den Spargel schälen, die Endstücke entfernen und die Stangen schräg in ca. 5 cm große Stücke schneiden. Den Spargelfond in einem Topf aufkochen, salzen und den Spargel darin ca. 3 Min. garen. Das Kerbelöl in die Teller träufeln und die Spargelsuppe darauf verteilen.

Spargel-Freezing

Du brauchst Spargelschalen für die Brühe, hast aber gerade kein Spargelessen geplant? Kein Problem, das edle Gemüse von der Stange lässt sich in rohem Zustand wunderbar einfrieren. Die geschälten Stangen portionsweise bündeln, in Folienbeutel packen, die Luft herausstreichen, verschließen und ins Tiefkühlfach legen. Den Spargel auf keinen Fall blanchieren! Bei Bedarf gefroren in kochendes Salzwasser geben und 15–20 Min. garen.

Kokos-Galgant-Brühe

Eine Schale Glück für echtes Thai-Feeling. Typische Aromen verschmelzen mit Kokosmilch zu einer cremigen Brühe, die süchtig macht und gesund ist. Sip it!

FÜR 2 PERSONEN
ZUBEREITUNGSZEIT: 25 MIN. |
GARZEIT: 1 STD.
PRO PORTION (300 ML): CA. 210 KCAL |
4 G E | 19 G F | 4 G KH

FÜR DIE BRÜHE (CA. 1 ¼ L)
→ 3 Schalotten
→ 2 Knoblauchzehen
→ 50 g Ingwer
→ 50 g Galgant (s. S. 122)
→ 1 Stange Zitronengras
→ 1,2 l Hühnerbrühe (s.S. 60; ersatzweise Instant-Brühe)
→ 400 ml Kokosmilch
→ 3 Kaffir-Limettenblätter (s. S. 122)
→ Salz
→ 2 TL Limettensaft

ZUM SERVIEREN (FÜR 2 PORTIONEN)
→ 4 Stängel Thai-Basilikum

1. Schalotten und Knoblauch schälen und grob zerteilen. Ingwer und Galgant schälen, in Scheiben schneiden. Das Zitronengras putzen, waschen, mit einer Messerklinge flach drücken und in ca. 1,5 cm lange Stücke schneiden.

2. Brühe und Kokosmilch in einem Topf mit Schalotten, Knoblauch, Ingwer, Galgant, Zitronengras, Kaffir-Limettenblätter und ¼ TL Salz verrühren und bei mittlerer Hitze ca. 20 Min. offen kochen lassen. Dann die Hitze reduzieren und alles ca. 40 Min. weiter köcheln lassen.

3. Die Brühe durch ein Sieb gießen und die Gewürze entfernen. Mit Salz und Limettensaft abschmecken. Dann in sterile Twist-off-Gläser oder Gefrierboxen füllen, verschließen und abkühlen lassen. Die Brühe hält sich im Kühlschrank ca. 5 Tage, im Tiefkühlfach ca. 6 Monate.

4. Vor dem Servieren das Basilikum waschen, trocken schütteln, die Blätter abzupfen und die Hälfte davon grob hacken. Pro Portion 300 ml Kokos-Brühe erhitzen und das gehackte Basilikum einrühren. Die Brühe in Schalen verteilen und die übrigen Blätter daraufstreuen.

Coconut-Wiki

Löffel dich fit, schlank und schön! Kokosnüsse enthalten mittelkettige Fettsäuren, die rasch Energie liefern, den Stoffwechsel ankurbeln und bei der Fettverbrennung helfen. Ein weiterer Vorzug: Reichlich Laurinsäure stärkt das Immun- und Herz-Kreislauf-System und wirkt gegen Viren.

Magic Kurkuma-Broth

FÜR 2 PERSONEN
ZUBEREITUNGSZEIT: 15 MIN. |
GARZEIT: 2 STD. 30 MIN.
PRO PORTION (300 ML): CA. 85 KCAL |
2 G E | 7 G F | 1 G KH

FÜR DIE BRÜHE (CA. 1 ½ L)
→ 3 Möhren
→ 1 Schalotte
→ 2 Knoblauchzehen
→ 1 Stück Kurkuma (4 cm lang)
→ 1 Stück Ingwer (2 cm lang)
→ 1 EL Kokosöl
→ 1 EL Zitronensaft
→ Salz | Pfeffer

ZUM SERVIEREN (FÜR 2 PORTIONEN)
→ 4 TL heller Sesam
→ 6 Stängel Koriandergrün

1. Möhren, Schalotte, Knoblauch, Kurkuma und Ingwer schälen und würfeln. In einem Topf das Kokosöl zerlassen, die vorbereiteten Zutaten darin bei mittlerer Hitze ca. 3 Min. dünsten. 1 ½ l Wasser angießen, aufkochen und alles halb zugedeckt ca. 2 Std. köcheln. Die Herdplatte ausschalten und die Kurkumabrühe ca. 30 Min. ziehen lassen.

2. Die Brühe mit Zitronensaft, Salz und Pfeffer würzen. Dann durch ein Sieb gießen, in sterile Twist-off-Gläser oder Gefrierboxen füllen, verschließen und abkühlen lassen. Die Brühe hält sich im Kühlschrank ca. 5 Tage, im Tiefkühlfach ca. 6 Monate.

Wundermittel

Kurkuma, auch Gelbwurzel genannt, ist im Ayurveda ein Mittel gegen viele Übel: Sie heilt den Darm, lindert Fieber und wirkt entzündungshemmend.

3. Vor dem Servieren den Sesam in einer Pfanne rösten, bis er duftet. Den Koriander waschen, trocken schütteln und die Blätter abzupfen. Pro Portion 300 ml Kurkumabrühe erhitzen, in Schalen verteilen und mit Sesam und Koriander bestreuen.

Real Fish-Bone-Broth

FÜR 2 PERSONEN
ZUBEREITUNGSZEIT: 15 MIN. |
GARZEIT: 50 MIN.
PRO PORTION (300 ML): CA. 120 KCAL |
15 G E | 5 G F | 3 G KH

FÜR DIE BRÜHE (CA. 2 L)
→ 1 kg Fischkarkassen von mageren
   Edelfischen (z.B. Zander, Hecht,
   Seezunge, Kabeljau; am besten beim
   Fischhändler vorbestellen)
→ 1 Möhre
→ 1 Stange Staudensellerie
→ 1 Fenchel | 1 Zwiebel
→ 2 Knoblauchzehen
→ 250 ml trockener Weißwein
→ 2 Lorbeerblätter
→ 1 TL Senfkörner
→ 1 TL schwarze Pfefferkörner
→ Salz | 2 TL Zitronensaft

ZUM SERVIEREN (FÜR 2 PORTIONEN)
→ 2 große Tomaten
→ 8 geschälte gegarte Garnelen
→ 4 Stängel Dill

1. Fischkarkassen und abbrausen und in
Stücke schneiden. Möhre schälen, Staudensellerie und Fenchel putzen, waschen,
alles grob schneiden. Zwiebel und Knoblauch schälen und fein würfeln.

2. Gemüse, Zwiebel, Knoblauch, 2 l Wasser,
Wein, Lorbeer, Senf- und Pfefferkörner in
einem Topf aufkochen und halb zugedeckt
bei kleiner Hitze ca. 30 Min. köcheln.
Fischkarkassen hinzufügen und weitere

20 Min. offen köcheln lassen, dabei den
entstehenden Schaum ab und zu mit dem
Schaumlöffel abschöpfen.

3. Die Fischbrühe durch ein Sieb gießen.
Gemüse, Fischkarkassen und Gewürze
entfernen. Fischbrühe mit Salz und Zitronensaft abschmecken. Noch heiß in sterile
Twist-off-Gläser oder Gefrierboxen füllen,
verschließen und abkühlen lassen. Die
Brühe hält sich im Kühlschrank ca. 5 Tage,
im Tiefkühlfach ca. 6 Monate.

4. Vor dem Servieren die Tomaten kurz in
kochendes Wasser tauchen, abschrecken,
häuten, vierteln, entkernen und würfeln.
Die Garnelen abbrausen. Pro Portion
300 ml Brühe erhitzen, Tomaten und
Garnelen darin 3 Min. ziehen lassen. Dill
waschen, trocken schütteln, die Spitzen
abzupfen und auf die Suppe streuen.

Real Bone-Broth

Gut Ding braucht Weile! Je länger die nahrhafte Brühe simmern darf, desto mehr Wirkstoffe lösen sich aus Knochen und Fleisch. Die Bone-Broth macht den Darm fit und stärkt das Immunsystem.

FÜR 3 L

→ 1,5 kg Knochen von Bio-Weiderindern mit Fleisch und Fett (z.B. Querrippe, Ochsenschwanz, Markknochen, Gelenke)
→ 2 Möhren
→ 1 Petersilienwurzel
→ 150 g Knollensellerie
→ 100 g Lauch
→ 1 Zwiebel
→ 3 Zweige Thymian
→ 3 EL Apfelessig
→ ½ EL schwarze Pfefferkörner
→ 4 EL Pimentkörner
→ 4 Gewürznelken
→ 2 Lorbeerblätter | Salz

1. Den Backofen auf 200° vorheizen. Die Knochen kalt abbrausen, trocken tupfen, in einem tiefen Backblech verteilen und im Ofen (Mitte) in ca. 30 Min. braun rösten (Bild 1), dabei zwischendurch wenden.

2. Inzwischen Möhren, Petersilienwurzel und Sellerie schälen (Bio-Gemüse waschen und ungeschält verwenden), den Lauch putzen und waschen, alles grob schneiden. Die Zwiebel schälen und halbieren.

3. Den Thymian waschen, trocken schütteln und mit 4 l kaltem Wasser, Knochen, Gemüse, Essig, Pfeffer, Piment, Nelken und Lorbeerblättern in einem Topf bei mittlerer Hitze zum Kochen bringen (Bild 2), dabei den entstehenden Schaum mit dem Schaumlöffel entfernen. Alles halb zugedeckt bei kleiner Hitze 6–8 Std. köcheln lassen.

4. Die Knochen entfernen. Die Brühe durch ein mit einem Passiertuch ausgelegtes Sieb gießen und salzen, heiß in sterile Twist-off-Gläser oder Gefrierboxen füllen (Bild 3), verschließen und abkühlen lassen. Sie hält sich im Kühlschrank ca. 5 Tage, im Tiefkühlfach ca. 6 Monate.

Vietnamesische Pho-Soup

FÜR 2 PERSONEN
ZUBEREITUNGSZEIT: 25 MIN. |
GARZEIT: 2 STD.
PRO PORTION (300 ML): CA. 220 KCAL |
22 G E | 5 G F | 22 G KH

FÜR DIE BRÜHE (CA. 1 ¼ L)
→ 1 ½ l Knochenbrühe (s. S. 57)
→ 4 Schalotten
→ 2 Knoblauchzehen
→ 1 Stück Ingwer (4 cm lang)
→ 1 Zimtstange
→ 1 Stück Muskatblüte (1 cm lang)
→ 6 Sternanis
→ 3 Kardamomkapseln
→ Salz | Pfeffer
→ 6 EL Fischsauce

ZUM SERVIEREN (FÜR 2 PORTIONEN)
→ 40 g Reisnudeln
→ 2 Handvoll Mungobohnensprossen
→ 160 g Rinderfilet
→ je 4 Stiele Minze und Koriandergrün
→ 4 Bio-Limettenscheiben

1. Die Brühe in einem Topf langsam zum Kochen bringen. Schalotten, Knoblauch und Ingwer schälen, in dünne Scheiben schneiden. Eine Pfanne ohne Fett erhitzen, Schalotten, Knoblauch und Ingwer darin bei mittlerer Hitze ca. 1 Min. anrösten und in den Topf geben. Die Brühe halb zugedeckt bei kleiner Hitze ca. 1 Std. köcheln lassen. Dann Zimt, Muskatblüte, Sternanis und Kardamom hinzufügen und die Brühe ca. 1 Std. weiter köcheln lassen.

2. Die Brühe durch ein feines Sieb gießen. Mit Salz, Pfeffer und Fischsauce würzen und heiß in sterile Twist-off-Gläser oder Gefrierboxen füllen, verschließen und abkühlen lassen. Die Brühe hält sich im Kühlschrank ca. 5 Tage, im Tiefkühlfach ca. 6 Monate.

3. Vor dem Servieren die Nudeln nach Packungsanweisung garen, in ein Sieb abgießen und abtropfen. Die Sprossen abbrausen und abtropfen lassen. Das Fleisch in sehr dünne Scheiben schneiden. Die Kräuter waschen, trocken schütteln und die Blätter abzupfen. Pro Portion 300 ml Pho-Brühe erhitzen. Reisnudeln, Sprossen und Fleisch in Schalen verteilen und die Brühe daraufgeben. Mit Limettenscheiben garnieren und mit den Kräutern bestreut servieren.

Good to Know

Pho ist ein typisch vietnamesisches Frühstück und macht selbst den größten Morgenmuffel lebendig. Aber auch mittags oder abends stärkt die Suppe und tut Körper und Seele gut. Ihr Geheimnis: Durch stundenlanges Kochen gehen die wertvollen Inhaltsstoffe der Zutaten in die Brühe über, was sie gesund und mega-aromatisch macht. Die Brühe ist reich an wertvollem Zink, Limette liefert Vitamin C, Koriander und Minze beruhigen den Magen.

Health-Booster

Chicken-Bone-Broth

FÜR 2 PERSONEN
ZUBEREITUNGSZEIT: 30 MIN. |
GARZEIT: 3 STD. |
ABKÜHLZEIT: 12 STD.
PRO PORTION (300 ML): CA. 225 KCAL |
22 G E | 7 G F | 17 G KH

FÜR DIE BRÜHE (CA. 3 ½ L)
→ 1 Möhre
→ 150 g Knollensellerie
→ 1 dünne Stange Lauch
→ 1 Gemüsezwiebel
→ 1 Suppenhuhn (ca. 1,5 kg; ersatzweise
  6 Hähnchenkeulen à ca. 250 g)
→ 5 Wacholderbeeren
→ 1 TL schwarze Pfefferkörner
→ 3 Lorbeerblätter
→ Salz

ZUM SERVIEREN (FÜR 2 PORTIONEN)
→ 100 g Möhren
→ 100 g Knollensellerie
→ 100 g Lauch
→ 4 Kirschtomaten
→ 160 g gegartes Hühnerfleisch (von der
  Brühe)
→ ½ Bund Schnittlauch

1. Möhre und Sellerie putzen, schälen und
grob schneiden. Den Lauch putzen, gründlich waschen und in dünne Ringe schneiden. Die Zwiebel ungeschält halbieren, mit
den Schnittflächen nach unten in einer
Pfanne ohne Fett dunkelbraun anrösten.
Das Huhn innen und außen waschen.

2. Möhre, Sellerie, Lauch, Zwiebel, Huhn,
Wacholderbeeren, Pfefferkörner und
Lorbeerblatt in einen großen Topf geben
und mit 4 l kaltem Wasser auffüllen. Alles
langsam zum Kochen bringen. Das Huhn
mit halb aufgelegtem Deckel bei kleiner
Hitze ca. 3 Std. köcheln lassen, dabei den
entstehenden Schaum ab und zu mit dem
Schaumlöffel abschöpfen.

3. Das Huhn aus der Brühe heben und
abkühlen lassen. Dann die Haut entfernen
und das Fleisch von den Knochen lösen.
Das Fleisch als Einlage für die Brühe im
Kühlschrank ca. 2 Tage oder im Tiefkühlfach ca. 6 Monate aufbewahren. Die Brühe
durch ein mit einem Passiertuch ausgelegtes Sieb gießen, das Gemüse und die
Gewürze entfernen.

4. Die Brühe salzen, erkalten lassen (am
besten über Nacht), dann das erstarrte Fett
ganz oder teilweise abheben. Die Brühe in
sterile Twist-off-Gläser oder Gefrierboxen
füllen und verschließen. Sie hält sich im
Kühlschrank ca. 5 Tage und im Tiefkühlfach ca. 6 Monate.

5. Vor dem Servieren Möhren und Sellerie
putzen und schälen, den Lauch putzen und
waschen. Alles in ca. 4 cm breite Stücke
und dann in feine Streifen schneiden. Pro
Portion 300 ml Brühe erhitzen und die
Gemüsestreifen darin ca. 2 Min. köcheln.

6. Die Tomaten waschen und halbieren.
Den Schnittlauch waschen, trocken schütteln und in Röllchen schneiden. Das Fleisch
in dünne Scheiben schneiden und zusammen mit den Tomaten in Suppenteller
geben. Die Brühe samt Gemüse darauf
verteilen und mit Schnittlauchröllchen
bestreuen.

>> Éine gute Küche ist das Fundament allen Glücks. <<

GEORGES AUGUSTE ESCOFFIER

Brokkoli-Kokos-Soup

Gesünder geht's nicht: Dieser Greeny pusht den Stoffwechsel, gibt Kraft und Energie. Sein hoher Magnesiumgehalt polstert die Nerven gegen Stress, reichlich Vitamin C steigert die Immunkraft.

FÜR 2 PERSONEN
ZUBEREITUNGSZEIT: 30 MIN. |
GARZEIT: 15 MIN.
PRO PORTION: CA. 400 KCAL |
12 G E | 31 G F | 15 G KH

→ 250 g Brokkoli
→ 1 kleine Zwiebel
→ 1 Stück Ingwer (3 cm lang)
→ 1 Knoblauchzehe
→ 10 Stängel Koriandergrün
→ 1 EL Kokosöl
→ 100 g TK-Erbsen
→ 400 ml Gemüsebrühe (s.S. 47; ersatzweise Instant-Brühe)
→ 200 ml Kokosmilch
→ Salz | Pfeffer
→ 2 EL gesalzene, geröstete Cashewkerne
→ ½ TL Chiliflocken
→ 2 TL Limettensaft

1. Den Brokkoli putzen, waschen und in Röschen teilen, die dicken Stiele schälen und grob würfeln. Zwiebel, Ingwer und Knoblauch schälen und fein würfeln. Den Koriander waschen, die Blätter abzupfen und die Stiele klein schneiden.

2. Das Kokosöl in einem Topf erhitzen. Zwiebel, Ingwer und Knoblauch darin bei mittlerer Hitze ca. 3 Min. dünsten. Brokkoli, Erbsen und Korianderstiele dazugeben und ca. 1 Min. mitdünsten. Die Brühe und die Kokosmilch angießen, mit Salz und Pfeffer würzen. Alles zugedeckt aufkochen und bei mittlerer Hitze ca. 15 Min. garen.

3. Ein paar Korianderblätter beiseitelegen, die restlichen mit den Cashewkernen hacken und beides mit den Chiliflocken mischen. Die Suppe mit dem Pürierstab fein mixen, mit Salz und Limettensaft abschmecken. In tiefe Teller oder Schalen verteilen, mit Cashew-Koriander-Mix und den übrigen Korianderblättern garnieren.

Raw Facts

Brokkoli gehört zu den Superhelden unter den Gemüsen. Er enthält jede Menge Vitalstoffe, die den Körper gesund erhalten. Weil einige Vitalstoffe hitzeempfindlich sind, kannst du einfach mal ein paar rohe (gehackte) Brokkoliröschen auf die Suppe streuen und testen, wie sie dir bekommen.

Sopa Mojo rosso

FÜR 2 PERSONEN
ZUBEREITUNGSZEIT: 50 MIN
PRO PORTION: CA. 220 KCAL |
3 G E | 15 G F | 14 G KH

→ 2 rote Paprika
→ 2 Knoblauchzehen
→ 1 rote Chilischote
→ 1 Tomate
→ 3 EL Olivenöl
→ 1 TL rosenscharfes Paprikapulver
→ 1 TL gemahlener Kreuzkümmel
→ Meersalz
→ 400 ml Gemüsebrühe (s. S. 47; ersatzweise Instant-Brühe)
→ 150 g festkochende Kartoffeln
→ 4 Stängel Koriandergrün

1. Den Backofengrill vorheizen. Die Paprika vierteln, die weißen Trennwände und Kerne entfernen, die Viertel waschen und mit der Hautseite nach oben auf ein Backblech legen. Unter dem Grill (oben) 8–10 Min. rösten, bis die Haut Blasen wirft und stellenweise schwarz wird. Die Paprika mit einem feuchten Tuch bedecken und etwas abkühlen lassen.

2. Inzwischen den Knoblauch schälen und fein würfeln. Die Chilischote längs halbieren, die Kerne entfernen, die Hälften waschen und fein würfeln. Die Tomate waschen, in Stücke schneiden und dabei den Stielansatz entfernen. Die Paprika häuten und in Würfel schneiden.

3. In einer Pfanne 2 EL Öl erhitzen. Knoblauch und Chili darin ca. 2 Min. andünsten. Die Paprika ca. 2 Min. mitdünsten. Mit Paprikapulver, Kreuzkümmel und Meersalz würzen. Tomate und Brühe dazugeben, aufkochen und zugedeckt ca. 15 Min. bei kleiner Hitze kochen lassen.

4. Inzwischen die Kartoffeln schälen, waschen und in ca. 1 cm große Würfel schneiden. In einer Pfanne das übrige Öl erhitzen und die Kartoffeln darin bei mittlerer Hitze unter gelegentlichem Wenden in ca. 10 Min. goldbraun braten. Leicht salzen.

5. Den Koriander waschen, trocken schütteln und die Blätter abzupfen. Die Paprikasuppe mit dem Pürierstab fein mixen, mit Meersalz abschmecken und in tiefe Teller verteilen. Mit den Kartoffel-Croûtons und Korianderblättern bestreuen.

Grüne Alternative

Kräuterwürzig und pikant ist eine Sopa Mojo verde: Dafür 1 grüne Paprika im Backofen rösten, häuten und würfeln (siehe Rezept). Mit 1 geschälten Knoblauchzehe, den Stielen von ½ Bund Koriandergrün und ½ Bund Petersilie (alles gehackt) in 2 EL Olivenöl andünsten und mit 300 ml Gemüsebrühe ca. 15 Min. köcheln. Mit den Koriander- und Petersilienblättern, dem Fruchtfleisch von 1 Avocado und 2 EL Weißweinessig pürieren. Mit Meersalz und Pfeffer würzen.

Oriental Carrot-Soup

Auf diese Suppe solltest du im Winter setzen. Denn die Top-Warmmacher Ingwer, Harissa und Kreuzkümmel heizen ein – zuerst den Möhren und Linsen, dann dir.

FÜR 2 PERSONEN
ZUBEREITUNGSZEIT: 40 MIN
PRO PORTION: CA. 320 KCAL |
10 G E | 17 G F | 29 G KH

→ 200 g Möhren
→ 1 Zwiebel
→ 1 Knoblauchzehe
→ 1 Stück Ingwer (2 cm lang)
→ 3 EL Olivenöl
→ 50 g rote Linsen
→ 2 TL Harissa (s. S. 122)
→ ½ TL gemahlener Kreuzkümmel
→ 500 ml Gemüsebrühe (s. S. 47; ersatzweise Instant-Brühe)
→ 100 ml Orangensaft
→ 100 g Blumenkohl
→ 4 Stängel Petersilie
→ ½ EL Schwarzkümmel
→ Salz | Pfeffer
→ 1 EL Zitronensaft

1. Die Möhren putzen, schälen und in kleine Würfel schneiden. Zwiebel, Knoblauch und Ingwer schälen und fein würfeln. In einem Topf 1 EL Öl erhitzen, Zwiebel, Knoblauch und Ingwer darin 1–2 Min. anbraten. Die Möhren hinzufügen und bei mittlerer Hitze unter gelegentlichem Rühren ca. 5 Min. mitbraten.

2. Die Linsen dazugeben und kurz mitdünsten. Harissa und Kreuzkümmel dazugeben und ebenfalls kurz mitdünsten.

Die Brühe und den Orangensaft angießen. Die Suppe zugedeckt bei mittlerer Hitze ca. 15 Min. köcheln lassen.

3. Inzwischen den Blumenkohl putzen, waschen, grob zerteilen und im Blitzhacker oder mit einem Messer fein hacken. Die Petersilie waschen und trocken schütteln, die Blätter abzupfen und fein hacken.

4. In einer Pfanne das übrige Öl erhitzen. Blumenkohl und Schwarzkümmel darin unter gelegentlichem Wenden bei großer Hitze ca. 5 Min. braten. Mit Salz und Pfeffer würzen. Die Pfanne vom Herd nehmen und die Petersilie untermischen.

5. Die Möhren-Linsen-Mischung mit dem Pürierstab fein mixen und mit Salz, Pfeffer und Zitronensaft abschmecken. Die Suppe in Schalen verteilen und die Blumenkohlmischung daraufstreuen.

Healthy Facts

Ihre tolle orange Farbe verdanken Möhren dem Pflanzenstoff Beta-Carotin. Er puffert schädliche freie Radikale ab und wird vom Körper in Vitamin A umgewandelt – wichtig für gesunde Haut und Augen. Für eine optimale Ausbeute von Beta-Carotin solltest du die Möhren mit etwas Öl dünsten oder anmachen.

Topinambur-Soup mit Beluga-Linsen

FÜR 2 PERSONEN
ZUBEREITUNGSZEIT: 25 MIN. |
GARZEIT: 10 MIN.
PRO PORTION: CA. 385 KCAL |
12 G E | 23 G F | 31 G KH

→ 50 g Beluga-Linsen
→ 200 g Topinambur
→ 1 Birne
→ 2 Schalotten
→ 1 EL Olivenöl
→ 400 ml Gemüsebrühe (s. S. 47; ersatzweise Instant-Brühe)
→ 2 EL weißes Mandelmus
→ Salz | Pfeffer
→ 1 Handvoll Brunnenkresse
→ 2 TL Mandelöl

1. Die Linsen mit 125 ml Wasser in einen Topf geben, aufkochen und zugedeckt bei kleiner Hitze in ca. 15 Min. weich garen.

2. Inzwischen die Topinambur unter fließendem Wasser abbürsten oder dünn schälen, anschließend in kleine Würfel schneiden. Die Birne waschen, vierteln und das Kerngehäuse entfernen. Drei Viertel der Birne grob würfeln, das übrige Viertel beiseitelegen. Die Schalotten schälen und in feine Würfel schneiden.

3. In einem Topf das Öl erhitzen. Schalotten, Topinambur und Birnenwürfel darin ca. 5 Min. anbraten. Die Brühe angießen und alles zugedeckt bei kleiner Hitze in ca. 10 Min. weich garen.

4. Die Suppe mit dem Pürierstab fein mixen, dabei das Mandelmus untermischen. Mit Salz und Pfeffer würzen. Die Linsen in ein Sieb abgießen, abtropfen lassen, in die Suppe geben und alles erhitzen. Das übrige Birnenviertel in dünne Spalten schneiden. Die Brunnenkresse waschen, trocken schütteln, verlesen und die Blätter abzupfen.

5. Die Suppe in Schalen verteilen, mit Birnenspalten und Brunnenkresse garnieren und das Mandelöl darüberträufeln.

Pimp Your Soup!

Homemade Blue Chips aus blauen Kartoffeln enthalten den natürlichen Farbstoff Anthozyan, der krebs- und entzündungshemmend wirken soll. Serviere deshalb ein paar Blue Chips zur Suppe oder knabbere sie als Snack. Blue Chips sind ruck, zuck zubereitet: 100 g Violetta-Kartoffeln schälen, fein hobeln, trocken tupfen und in heißem Öl portionsweise in 2–3 Min. knusprig frittieren. Auf Küchenpapier abtropfen lassen und salzen.

Don't worry, eat happy!

Rote-Bete-Hummus-Soup

Oriental-Express: Die samtig-aromatische Suppe aus Roter Bete und Kichererbsen weckt die Lebensgeister im Nu.

FÜR 2 PERSONEN
ZUBEREITUNGSZEIT: 15 MIN. |
GARZEIT: 25 MIN.
PRO PORTION: CA. 235 KCAL |
7 G E | 12 G F | 22 G KH

→ 250 g Rote Bete
→ 1 Zwiebel
→ 1 Knoblauchzehe
→ 1 Dose Kichererbsen (250 g Abtropfgewicht)
→ 2 EL Olivenöl
→ Salz | Pfeffer
→ ½ TL gemahlener Kreuzkümmel
→ ½ TL gemahlener Koriander
→ 400 ml Gemüsebrühe (s. S. 47; ersatzweise Instant-Brühe)
→ 4 Stängel Petersilie
→ 2 EL Zitronensaft

1. Die Rote Bete putzen, schälen und klein würfeln. Zwiebel und Knoblauch schälen und ebenfalls klein würfeln. Die Kichererbsen in einem Sieb abbrausen und abtropfen lassen. 50 g Kichererbsen beiseitestellen. In einem Topf das Öl erhitzen, Zwiebel, Knoblauch, Rote Bete und Kichererbsen darin ca. 3 Min. andünsten. Mit Salz, Pfeffer, Kreuzkümmel und Koriander würzen. Die Brühe angießen und alles zugedeckt in 20–25 Min. weich köcheln.

Echter Quickie

Mit vakuumverpackten Roten Beten aus der Gemüseabteilung des Supermarkts brauchst du die Kichererbsen-Rote-Bete-Mischung nur ca. 5 Min. zu garen.

2. Inzwischen die Petersilie waschen, trocken schütteln, die Blätter abzupfen und hacken. Die Kichererbsenmischung mit dem Pürierstab fein mixen. Die Suppe mit Salz, Pfeffer und Zitronensaft würzen und in Schalen verteilen. Mit den übrigen Kichererbsen und der Petersilie bestreuen.

Gelbe Zucchini-Curry-Soup

Exotisch-würzig, cremig und kurkumasatt strahlt diese Suppe mit der Sonne um die Wette – das wärmt Herz und Seele.

FÜR 2 PERSONEN
ZUBEREITUNGSZEIT: 30 MIN.
PRO PORTION: CA. 215 KCAL |
5 G E | 8 G F | 26 G KH

- → 1 Zwiebel
- → 1 Knoblauchzehe
- → 1 Stück Kurkuma (ca. 1 cm lang)
- → 200 g gelbe Zucchini (ersatzweise grüne Zucchini)
- → 1 EL Olivenöl
- → 100 g Maronen (vakuumverpackt)
- → 1 TL scharfes Currypulver
- → 500 ml Gemüsebrühe (s.S. 47; ersatzweise Instant-Brühe)
- → 3 Stängel Koriandergrün
- → Salz | Pfeffer
- → 2 EL Sojacreme

1. Zwiebel, Knoblauchzehe und Kurkuma schälen und fein würfeln. Die Zucchini waschen, putzen und ebenfalls würfeln.

2. In einem Topf das Öl erhitzen. Zwiebel, Knoblauch, Kurkuma und Zucchini darin 2–3 Min. andünsten. Die Maronen dazugeben, mit Currypulver bestäuben und kurz mitrösten. Die Brühe angießen, aufkochen und alles zugedeckt bei kleiner Hitze in ca. 10 Min. weich garen.

3. Inzwischen den Koriander waschen, trocken schütteln und die Blätter abzupfen.

4. Die Suppe mit dem Pürierstab mixen, mit Salz und Pfeffer würzen. Die Sojacreme unterrühren. Die Suppe in Schalen verteilen und mit Koriander garnieren.

Good to Know

Sonnengelbe Zucchini sind die Stars des Sommers. Sie schmecken ähnlich wie ihre grünen Verwandten, die Schale und das Fruchtfleisch sind jedoch zarter.

Soup-Facts

Um 1900 brachte der Schweizer Julius Maggi die erste Fleischbrühe in Würfelform auf den Markt. Für nur vier Pfennige konnte sich jeder im Handumdrehen eine Bouillon auf den Tisch zaubern.

ES LEBE DIE SUPPKULTUR! MIT DEM WISSEN VON DEN SUPPEN-URZEITEN BIS ZU DEN TRENDS VON HEUTE KANNST DU BEI LÖFFEL-FANS IMMER WIEDER MIT EINER SUPER-STORY PUNKTEN.

Rund 100 Teller Suppe löffelt jeder Deutsche pro Jahr, die Hälfte davon wird industriell hergestellt.

Ob in New York, Hamburg, London, Berlin oder München – Suppenküchen haben die Fast-Food-Szene revolutioniert. In asiatischen Ländern wie China, Japan oder Thailand gehören sie seit Jahrhunderten zum Straßenbild.

Das Wort Suppe kommt vom germanischen Supen , das Saufen, Saugen oder Schlürfen bedeutet.

Die Fans von Tomatensuppe sind im Schnitt jünger als Spargelsuppen-Genießer.

Suppen-Knigge: Ein absolutes No-go ist es, Brot in die Suppe zu tunken. Besser kleine Brotstückchen in die Suppe legen und einfach auslöffeln.

Der Pop-Künstler Andy Warhol setzte mit seiner »Campbell's Soup Cans«-Art der Tomatendose ein Denkmal. Er malte 32 Bilder von Campbell-Suppendosen unterschiedlicher Geschmacksrichtungen und schlürfte die Suppe zwanzig Jahre lang jeden Tag.

Die teuerste Suppe der Welt wird im »Kai« in London serviert. Ein Teller »Buddha jumps over the wall« kostet rund 160 Euro. Die Kostbarkeit wird aus Abalone, Haifischmagen, Seegurke und Hian-Schinken geköchelt.

Baked Butternut-Apple-Soup

FÜR 2 PERSONEN
ZUBEREITUNGSZEIT: 50 MIN.
PRO PORTION: CA. 275 KCAL |
4 G E | 17 G F | 28 G KH

→ 400 g Butternut-Kürbis
→ 1 säuerlicher Apfel (z.B. Elstar)
→ 2 EL Olivenöl
→ Meersalz
→ ½ TL Chiliflocken
→ 1 TL getrockneter Thymian
→ 4 Stängel Petersilie
→ ½ Bio-Orange
→ 1 EL getrocknete Berberitzen (siehe Tipp)
→ 20 g Walnusskerne
→ 450 ml Gemüsebrühe (s.S. 47; ersatzweise Instant-Brühe)
→ Pfeffer
→ 2 TL Zitronensaft

1. Den Backofen auf 200° vorheizen. Den Kürbis in Spalten schneiden, schälen, entkernen und die Spalten ca. 2 cm groß würfeln. Den Apfel waschen, vierteln, das Kerngehäuse entfernen und das Fruchtfleisch in grobe Stücke schneiden.

2. In einer Schüssel das Öl mit ¼ TL Meersalz, Chiliflocken und Thymian verrühren. Die Kürbis- und Apfelstücke mit dem Gewürzöl mischen. Die Kürbis-Apfel-Mischung in einer kleinen ofenfesten Form verteilen und im Ofen (Mitte) in ca. 25 Min. weich garen.

3. Inzwischen die Petersilie waschen, trocken schütteln, die Blätter abzupfen und fein hacken. Die Orange heiß waschen, abtrocknen, die Schale abreiben und den Saft auspressen. Die Orangenschale mit der Petersilie mischen. Die Berberitzen im Orangensaft ca. 10 Min. einweichen.

4. Die Walnüsse hacken. Die Berberitzen in ein Sieb abgießen, den Orangensaft dabei auffangen. Die Brühe, den Orangensaft und die Kürbis-Apfel-Mischung in einem Topf mit dem Pürierstab mixen. Die Suppe langsam zum Kochen bringen. Mit Salz, Pfeffer und Zitronensaft würzen.

5. Die Berberitzen mit dem Petersilien-Orangenschalen-Mix mischen. Die Suppe in Schalen verteilen und mit der Berberitzen-Gremolata und den Walnüssen bestreut servieren.

Sauer-Power

Die dunkelroten sauer-fruchtigen Beeren des Sauerdorns – Berberitzen – gibt es jetzt auch getrocknet in Bioläden. Die Minis haben es in sich: Sie pushen das Immunsystem mit reichlich Vitamin C und sind vielseitig einsetzbar – in Suppen, Salaten, Süßspeisen und Kuchen. Unbedingt probieren!

Fresh & spicy

Spargel-Lime-Soup

Feiner Gaumenschmeichler mit Detox-Effekt: Das Stangengemüse entlastet den Körper und versorgt ihn üppig mit Mineralstoffen, Vitaminen und Antioxidantien.

FÜR 2 PERSONEN
ZUBEREITUNGSZEIT: 25 MIN. |
GARZEIT: 15 MIN.
PRO PORTION: CA. 360 KCAL |
8 G E | 30 G F | 11 G KH

→ 250 g grüner Spargel
→ 3 Frühlingszwiebeln
→ 1 Bio-Limette
→ ¼ Vanilleschote
→ 1 EL Ghee (s. S. 122)
→ 400 ml Gemüsebrühe (s.S. 47; ersatzweise Instant-Brühe)
→ 1 Handvoll Basilikumblätter (ca. 20 g)
→ 75 g Mandelcreme (zum Kochen)
→ Salz | Pfeffer

1. Den Spargel waschen, die Enden abschneiden und die Stangen im unteren Drittel schälen. Die Spargelstangen in Stücke schneiden, die Spargelspitzen (4–5 cm lang) längs halbieren und beiseitelegen. Die Frühlingszwiebeln putzen, waschen und in feine Scheiben schneiden. Die Limette heiß waschen, abtrocknen, die Schale mit einem Zestenreißer in feinen Streifen abziehen, den Saft auspressen. Die Vanilleschote längs aufschneiden.

2. In einem Topf ½ EL Ghee erhitzen. Frühlingszwiebeln, Spargelstücke (ohne Spitzen) und Vanilleschote darin ca. 3 Min. andünsten. Die Brühe angießen, aufkochen und den Spargel bei mittlerer Hitze zugedeckt in 10–15 Min. gar kochen.

3. Den Topf vom Herd nehmen und die Vanilleschote entfernen. Ein paar Basilikumblätter beiseitelegen, die übrigen mit der Mandelcreme zum Spargel geben. Die Suppe mit dem Pürierstab mixen und erneut erhitzen (nicht kochen). Mit Salz, Pfeffer und 1 EL Limettensaft würzen.

4. Das übrige Ghee in einer Pfanne erhitzen, die Spargelspitzen und die Limettenzesten darin 3–4 Min. unter Wenden anbraten. Die Suppe in Schalen geben, die Spargelspitzen darauf verteilen und mit Basilikum garnieren.

Grün vs. Weiß

Grüner Spargel schmeckt kräftiger als weißer. Auch in puncto innere Werte hat er die Nase vorn – er enthält mehr Vitamine. Während weißer Spargel unterirdisch wächst, darf der grüne die Sonne genießen. So bildet er Chlorophyll – daher die grüne Farbe – und reichlich Vitamin C und Carotin.

Orange-Yellow-Soup

FÜR 2 PERSONEN
ZUBEREITUNGSZEIT: 45 MIN.
PRO PORTION: CA. 180 KCAL |
3 G E | 13 G F | 11 G KH

→ 2 Schalotten
→ 1 Knoblauchzehe
→ 1 Stück Ingwer (2 cm lang)
→ 100 g Möhren
→ ½ rote Paprika
→ ½ gelbe Paprika
→ 1 EL Ghee (s. S. 122)
→ 1 TL Harissa (s. S. 122)
→ ½ TL gemahlene Kurkuma
→ 1 TL Rohrohrzucker
→ 500 ml Gemüsebrühe (s.S. 47; ersatzweise Instant-Brühe)
→ 1 EL Kokos-Chips
→ 3 Stängel Koriandergrün
→ Salz | Pfeffer
→ 1 EL Limettensaft
→ ½ TL Chiliflocken

1. Schalotten, Knoblauch und Ingwer
schälen und jeweils klein würfeln. Die
Möhren putzen, schälen und in dünne
Scheiben schneiden. Aus den Paprika die
weißen Trennwände und Kerne entfernen,
die Hälften waschen und jeweils in kleine
Würfel schneiden.

2. In zwei kleinen Töpfen je ½ EL Ghee
erhitzen. Jeweils die Hälfte der Schalotten,
des Knoblauchs, des Ingwers und der
Möhren hinzufügen und bei mittlerer Hitze
ca. 2 Min. dünsten. In einen Topf Harissa
und die roten Paprikawürfel, in den anderen Topf Kurkuma und die gelbe Paprikawürfel geben. Das Gemüse jeweils mit
½ TL Zucker bestreuen und und leicht

karamellisieren lassen. Jeweils die Hälfte
der Brühe angießen, aufkochen und die
Gemüse zugedeckt bei mittlerer Hitze in
15–20 Min. weich kochen.

3. Inzwischen die Kokos-Chips in einer
Pfanne ohne Fett goldbraun rösten und auf
einem Teller abkühlen lassen. Das Koriandergrün waschen, trocken schütteln und
die Blätter abzupfen.

4. Die Suppen nacheinander mit dem
Pürierstab fein mixen und mit Salz, Pfeffer
und je ½ EL Limettensaft würzen. Die gelbe
und orange Suppe gleichzeitig nebeneinan-
der in Schalen gießen und mit einem
Löffelstiel leicht ineinanderziehen. Die
Suppe mit Kokos-Chips, Chiliflocken und
Korianderblättern bestreuen.

Appetizer

Die zweifarbige Suppe ist eine
raffinierte Vorspeise, denn man
kann sie gut vorbereiten. Vor dem
Servieren erwärmt man sie kurz –
fertig ist das Cup-Soup-Duo.

Magic power

Silky Spitzkohl-Soup

Frische Minze, Seidentofu und Auberginenpesto on top machen diese Spitzkohlsuppe reichlich peppig. Die löffeln nicht nur Veganer gerne aus!

FÜR 2 PERSONEN
ZUBEREITUNGSZEIT: 20 MIN. |
GARZEIT: 45 MIN.
PRO PORTION: CA. 220 KCAL |
8 G E | 15 G F | 10 G KH

→ 1 Aubergine (ca. 250 g)
→ 1 ½ EL Olivenöl
→ ½ Bund Petersilie
→ ½ Bio-Zitrone
→ 1 EL Tahin (Sesampaste)
→ 1 TL Dattelsirup (s. S. 122; ersatzweise Agavendicksaft oder Ahornsirup)
→ Salz | Pfeffer
→ 200 g Spitzkohl
→ 1 Stück Ingwer (2 cm lang)
→ 1 Zwiebel
→ 1 Knoblauchzehe
→ 1 Stängel Minze
→ 400 ml Gemüsebrühe (s.S. 47; ersatzweise Instant-Brühe)
→ 100 g Seidentofu

1. Den Backofen auf 220° vorheizen. Die Aubergine putzen, waschen, längs halbieren und mit den Schnittflächen auf ein mit Backpapier belegtes Blech legen. Die Aubergine mit ½ EL Öl bestreichen und im Ofen (Mitte) in 20–25 Min. schwarz rösten.

2. Die Aubergine aus dem Ofen nehmen und etwas abkühlen lassen. Die Petersilie waschen, trocken schütteln und die Blätter abzupfen, ein paar beiseitelegen, die restlichen fein hacken. Die Zitrone heiß waschen, abtrocknen, die Schale abreiben und den Saft auspressen. Die Haut der Aubergine abziehen, das Fruchtfleisch klein hacken und in einer Schüssel mit Zitronensaft, -schale, Petersilie, Tahin sowie Dattelsirup mischen. Das Auberginenpesto mit Salz und Pfeffer würzen.

3. Den Spitzkohl putzen, waschen, trocken schütteln, den Strunk entfernen und den Kohl grob würfeln. Den Ingwer schälen und fein reiben. Zwiebel und Knoblauch schälen und würfeln. Die Minze waschen, trocken schütteln und die Blätter abzupfen.

4. Das übrige Öl erhitzen, Zwiebel, Knoblauch und Ingwer darin ca. 3 Min. anbraten. Den Kohl ca. 2 Min. mitbraten. Brühe und Minze dazugeben und den Kohl zugedeckt in ca. 15 Min. weich garen.

5. Das Gemüse mit dem Pürierstab fein mixen. Den Seidentofu dazugeben und die Suppe schaumig aufmixen. Mit Salz und Pfeffer abschmecken und in Schalen verteilen. Je einen Klecks Auberginenpesto daraufgeben und mit Petersilie garnieren. Das restliche Pesto dazu servieren.

Pesto-Vorrat

Bereite das Pesto auf Vorrat zu, fülle es in ein Twist-off-Glas, etwas Öl drauf – und ab in den Kühlschrank. Dann ist die Suppe anderntags im Nu fertig.

Spicy ACE-Soup

FÜR 2 PERSONEN
ZUBEREITUNGSZEIT: 30 MIN. |
GARZEIT: 20 MIN.
PRO PORTION: CA. 325 KCAL |
2 G E | 11 G F | 50 G KH

→ ½ TL Korianderkörner
→ ½ TL Kreuzkümmel
→ ½ TL weiße Pfefferkörner
→ 2 Pimentkörner
→ 2 TL Rohrohrzucker
→ 250 g Süßkartoffel
→ 100 g Aprikosen
→ 1 kleine Zwiebel
→ 1 Knoblauchzehe
→ 1 rote Chilischote
→ 2 EL Rapsöl
→ 100 ml Orangensaft
→ 300 ml Gemüsebrühe (s. S. 47; ersatzweise Instant-Brühe)
→ Salz | Pfeffer
→ 2 TL Zitronensaft
→ 2 TL Aceto balsamico

1. Die Gewürze im Mörser grob zerstoßen und in einer Pfanne ohne Fett bei kleiner Hitze ca. 1 Min. rösten, bis sie duften. Die Gewürze herausnehmen und den Zucker in der Pfanne schmelzen lassen. Die Gewürze unterrühren und den Gewürz-Karamell auf einem mit Pergamentpapier belegten Teller abkühlen lassen.

2. Die Süßkartoffel schälen und würfeln. Die Aprikosen waschen, halbieren, entstei-nen und in kleine Stücke schneiden. Die Zwiebel und den Knoblauch schälen und fein würfeln. Die Chilischote längs halbie-ren, Kerne entfernen, die Hälften waschen und grob zerschneiden. In einem Topf das Rapsöl erhitzen und Zwiebel, Knoblauch, Süßkartoffeln und Aprikosen darin bei mittlerer Hitze ca. 3 Min. andünsten. Mit 50 ml Orangensaft ablöschen und die Brühe angießen, mit Salz und Pfeffer würzen. Alles aufkochen und bei mittlerer Hitze zugedeckt ca. 20 Min. köcheln lassen.

3. Die Suppe vom Herd nehmen, den restlichen Orangensaft angießen und alles mit dem Pürierstab fein mixen. Mit Salz, Pfeffer und Zitronensaft abschmecken.

4. Den Gewürz-Karamell fein hacken. Die Suppe in Teller verteilen, mit Aceto balsamico beträufeln und mit dem Gewürzkaramel bestreuen.

ACE-Know-How

Pimp dein Immunsystem! Die Suppe strotzt vor schützenden Antioxidantien: Vitamin A ist in seiner Vorstufe Beta-Carotin in Süßkartoffel und Aprikosen enthalten, der Körper wandelt es in Vitamin A um. Orangensaft spendet Vitamin C, das Öl aus Rapssamen liefert Vitamin E.

Aroma-Sensation

Veggie-Würze

Ganz klar ist Gemüsebrühpulver oder gekörnte Gemüsebrühe nach dem Aufgießen. Sie besteht aus getrockneten Zutaten – Lauch, Möhren, Sellerie und Zwiebeln. Guck aufs Etikett und greife zu Brühen »ohne Hefeextrakt«. Die sind natürlich würzig ohne Geschmacksverstärker.

Das Salz in der Suppe

Je weniger es verarbeitet wurde und je weniger Zusatzstoffe es enthält, desto besser. Top-Salze sind Meersalz, Steinsalz und Himalaya-Salz, denn die naturbelassenen Körner haben es in sich: mehr als 84 Elemente, die den Flüssigkeitshaushalt und die Verdauung regulieren, entschlacken und die Nerven beruhigen.

Suppen-Wiki

Exotisch vs. heimisch

Sie gelten als supergesund: Açai (s. S. 122), Chia, Goji-Beeren, Kakao-Nibs (s. S. 122) und Quinoa. Aber heimische Food-Joker können gut mithalten. Setze deshalb auch auf Heidelbeeren, Sanddorn, Maulbeeren, Leinsamen, Nüsse, Hirse und Kräuter.

Kräuter-Indoor-Farming

Wer mediterrane Kräuter auf der Fensterbank erntet, wird mit viel Aroma und gesunden Inhaltsstoffen belohnt. Gerbstoffe in Salbei und Thymian wirken beruhigend, Bitterstoffe im Rosmarin fördern die Verdauung und pampern die Psyche. Basilikum wirkt ausgleichend und beruhigend auf die Nerven. Heimische Kräuter wie Schnittlauch und Petersilie gedeihen ebenfalls im Topf. Sie pushen das Immunsystem mit viel Vitamin C und A sowie wertvollen Mineralien und kurbeln den Stoffwechsel an.

Oceangreens on Top

Meeresalgen sind Superfood. Sie strotzen nur so vor Proteinen, Vitaminen, Mineralien (Phosphor, Kalzium, Eisen) und herzgesunden Omega-3-Fettsäuren. Wakame, Nori, Kombu & Co. gehören zu den besten natürlichen Jodquellen. Da sie zudem viele Ballaststoffe und wenig Kalorien haben, solltest du sie öfters in die Suppe streuen: frisch oder getrocknet und eingeweicht.

Some Like It Hot!

Die Alkaloide in Scharfmachern wie Chili, Pfeffer und Knoblauch heizen des Stoffwechsel ein und hemmen Entzündungen. Sie wirken Infektionen entgegen und sorgen für einen verschärft guten Geschmack in Soups & Co.

Kalt oder warm?

Manche Vitalstoffe gehen beim Erhitzen verloren, etwa Vitamin C, andere können gekocht besser aufgenommen werden, wie Beta-Carotin aus Möhren oder Lycopin aus Tomaten. Gestalte deine Suppenküche vielfältig und wechsle zwischen gegart und roh – so bleibst du gut versorgt.

Magic Wirsing-Soup mit Apfel-Relish

FÜR 2 PERSONEN

ZUBEREITUNGSZEIT: 45 MIN.

PRO PORTION: CA. 355 KCAL |

12 G E | 22 G F | 23 G KH

FÜR DIE SUPPE:
→ 200 g Wirsing
→ 1 kleiner Fenchel
→ 1 Stange Staudensellerie
→ 1 kleine Möhre
→ 1 Zwiebel
→ 2 Knoblauchzehen
→ 150 g Kichererbsen (Dose)
→ 3 Stängel Dill
→ 1 EL Olivenöl
→ 1 TL Koriandersamen
→ 500 ml Gemüsebrühe (s. S. 47; ersatzweise Instant-Brühe)
→ Salz | Pfeffer

FÜR DAS RELISH:
→ 1 rotschaliger Apfel (z. B. Elstar)
→ 1 EL Zitronensaft
→ 1 Frühlingszwiebel
→ 1 rote Peperoni
→ 2 EL Olivenöl
→ 50 g Schafskäse (Feta)
→ Salz | Pfeffer

1. Für die Suppe Wirsing und Fenchel putzen, vierteln, den Strunk entfernen und die Viertel in feine Streifen schneiden. Den Staudensellerie putzen, waschen und in dünne Scheiben schneiden. Die Möhre schälen und ebenfalls in dünne Scheiben schneiden. Die Zwiebel und den Knoblauch schälen und klein würfeln. Die Kichererbsen in einem Sieb abbrausen und abtropfen lassen. Den Dill waschen, trocken schütteln, die Spitzen abzupfen und hacken.

2. In einem Topf das Öl erhitzen, Zwiebel, Knoblauch und Koriander darin bei kleiner Hitze kurz anrösten. Wirsing, Fenchel, Sellerie und Möhre dazugeben und 2–3 Min. mitdünsten. Die Brühe angießen und aufkochen. Das Gemüse zugedeckt ca. 10 Min. köcheln lassen.

3. Inzwischen für das Relish den Apfel waschen, vierteln, entkernen, klein würfeln und mit dem Zitronensaft beträufeln. Die Frühlingszwiebel putzen, waschen und in feine Ringe schneiden. Die Peperoni längs halbieren, Kerne entfernen, die Hälften waschen und fein würfeln. Apfel, Frühlingszwiebel und Peperoni mit dem Öl mischen. Den Feta zerbröckeln und unterheben, mit Salz und Pfeffer würzen.

4. Die Kichererbsen und den Dill zur Wirsingmischung geben. Mit Salz und Pfeffer abschmecken und zugedeckt ca. 3 Min. ziehen lassen. Die Suppe in Schalen verteilen und mit dem Relish garniert servieren.

Seelenschmeichler

Rotkohl-Quinoa-Suppe

FÜR 2 PERSONEN
ZUBEREITUNGSZEIT: 25 MIN. |
GARZEIT: 30 MIN.
PRO PORTION: CA. 225 KCAL |
5 G E | 9 G F | 32 G KH

→ 200 g Rotkohl
→ 1 kleine Zwiebel
→ 1 ½ EL Olivenöl
→ 100 ml Holunderbeersaft (ersatzweise Apfelsaft)
→ 500 ml Gemüsebrühe (s. S. 47; ersatzweise Instant-Brühe)
→ Salz | Pfeffer
→ 30 g Quinoa
→ 1 Stück Ingwer (2 cm lang)
→ 200 g Muskatkürbis
→ ½ TL gemahlener Koriander
→ ¼ TL Zimtpulver
→ 1 EL Akazienhonig
→ ½ EL Apfelessig
→ 1 Handvoll Daikon-Kresse (s. S. 122)
→ 2 EL Joghurt

1. Den Rotkohl putzen, waschen und den Strunk herausschneiden. Den Kohl quer in ca. ½ cm breite Streifen schneiden. Die Zwiebel schälen und fein würfeln.

2. Das Öl in einem Topf erhitzen. Die Zwiebel darin glasig dünsten. Den Rotkohl dazugeben und 2–3 Min. mitdünsten. Mit dem Holunderbeersaft ablöschen und bei großer Hitze fast einkochen lassen. Die Brühe angießen, leicht mit Salz und Pfeffer würzen. Alles zugedeckt ca. 10 Min. bei mittlerer Hitze kochen lassen.

3. Inzwischen den Quinoa in einem Sieb lauwarm abbrausen. Den Ingwer schälen und fein würfeln. Quinoa und Ingwer zum Rotkohl geben und alles zugedeckt in 15 Min. gar köcheln.

4. Den Kürbis schälen, entkernen und grob raspeln. Kurz vor Ende der Garzeit unter das Rotkohlgemüse mischen und ca. 3 Min. ziehen lassen. Die Suppe mit Salz, Pfeffer, Koriander, Zimt, Honig und Essig würzen. In Schalen oder in tiefe Teller verteilen. Die Kresse abbrausen und trocken schütteln. Die Suppe mit je 1 EL Joghurt garnieren und mit der Kresse bestreuen.

Pop-Art

Lila oder blau – das ist hier die Frage. Gibt man beim Rotkohlkochen Essig oder Zitronensaft dazu, wird die Suppe zum Farbknaller in Dunkellila – vor allem, wenn man sie zum Schluss noch fein püriert. Lässt man die Säure weg, bleibt der Kohl und damit auch die Suppe blau.

Lila-Laune-Suppe

Miso-Pak-Choi-Soup

FÜR 2 PERSONEN
ZUBEREITUNGSZEIT: 25 MIN. |
GARZEIT: 10 MIN.
PRO PORTION: CA. 120 KCAL |
6 G E | 4 G F | 14 G KH

→ 1 Blatt getrocknete Kombu-Alge
  (8–10 cm lang, s. S. 122; ersatzweise
  1 EL getrocknete Instant-Wakame-
  Algen, Bioladen)
→ 1 Stück Ingwer (2–3 cm lang)
→ 2 Schalotten
→ 750 ml Gemüsebrühe (s.S. 47; ersatzweise Instant-Brühe)
→ 1 Möhre
→ 50 g Rettich
→ 6 Shiitake-Pilze
→ 2 Frühlingszwiebeln
→ 4 TL dunkelrote Hatcho-Misopaste
  (siehe Tipp)
→ 2 Baby-Pak-Choi
→ 2 TL heller Sesam

1. Die Kombu-Alge abwischen (nicht wa-schen) und in breite Streifen schneiden. Den Ingwer schälen und in feine Scheiben schneiden. Die Schalotten schälen und klein würfeln. In einem Topf die Brühe mit Alge, Ingwer und Schalotten langsam zum Kochen bringen und bei kleiner Hitze ca. 5 Min. köcheln lassen.

2. Inzwischen Möhre und Rettich schälen und in feine Streifen schneiden. Die Pilze mit einem Tuch abreiben, die Stiele entfernen und die Hüte in dünne Scheiben schneiden. Die Frühlingszwiebeln putzen und waschen, die weißen und hellgrünen Teile in dünne Ringe schneiden, die dunkelgrünen Teile beiseitelegen.

3. Die Brühe (Dashi-Brühe) durch ein feines Sieb gießen, 100 ml davon beiseitestellen. Die restliche Brühe in einem Topf mit Möhre, Rettich und Pilzen aufkochen und bei kleiner Hitze ca. 10 Min. garen. Den Herd ausschalten. Die Misopaste in der übrigen Brühe auflösen, in die Suppe rühren und 3–5 Min. ziehen lassen.

4. Inzwischen den Pak Choi putzen, waschen, längs vierteln und in zwei Schalen verteilen. Die Suppe darübergießen, mit dem Frühlingszwiebelgrün garnieren und mit Sesam bestreut servieren.

Miso-Know-How

Miso ist eine Universal-Würz-paste. Sie wird aus Sojabohnen – oft unter Zusatz von Gerste oder Reis – sowie Meersalz zwei bis drei Jahre lang fermentiert. Dank vieler Enzyme, Laktobazillen und Nährstoffe stärkt Misopaste Darmflora und Immunsystem. Im Asien- oder Bioladen gibt es verschiedene Geschmacks-varianten: milde Shiro-, würzige Aka- und kräftige Hatcho-Misopaste. Letztere wird nur aus Sojabohnen hergestellt.

Japanese harmony

Green Veggie-Soup Lupine

FÜR 2 PERSONEN
ZUBEREITUNGSZEIT: 35 MIN.
PRO PORTION: CA. 440 KCAL |
32 G E | 24 G F | 21 G KH

→ 100 g TK-Erbsen (ersatzweise frische, gepalte Erbsen)
→ 1 junger Kohlrabi (mit Grün)
→ 1 dünne Stange Lauch
→ 100 g Zuckerschoten
→ 1 Zwiebel
→ 2 EL Olivenöl
→ 700 ml Gemüsebrühe (s. S. 47; ersatzweise Instant-Brühe)
→ ½ Bio-Zitrone
→ 3 Blätter Liebstöckel
→ 200 g Lupinenfilet
→ ½ Bund Petersilie
→ 4 Stängel Basilikum
→ 1 Stängel Oregano
→ 1 Stängel Minze
→ Salz | Pfeffer
→ 2 TL Zitronensaft

1. Die TK-Erbsen antauen lassen. Den Kohlrabi putzen, dabei das zarte Grün waschen und beiseitelegen. Die Knolle schälen, halbieren und in dünne Spalten schneiden. Den Lauch putzen, gründlich waschen, den weißen und hellgrünen Teil in Ringe schneiden, den dunkelgrünen Teil entfernen oder für eine Brühe verwenden. Die Zuckerschoten putzen, waschen und schräg halbieren. Die Zwiebel schälen und fein würfeln.

2. Das Öl in einem Topf erhitzen. Die Zwiebel darin bei mittlerer Hitze glasig dünsten. Die Brühe angießen und zum Kochen bringen. Die Zitrone heiß waschen und einen Streifen Schale abschneiden. Zitronenschale, Liebstöckel, Kohlrabi und Lauch in die Suppe geben und bei mittlerer Hitze zugedeckt ca. 5 Min. köcheln lassen.

3. Inzwischen das Lupinenfilet in feine Streifen schneiden, mit Erbsen und Zuckerschoten in der Suppe ca. 2 Min. mitgaren. Die Kräuter waschen, trocken schütteln, abzupfen und mit den Kohlrabiblättern hacken.

4. Die Suppe vom Herd nehmen, die Zitronenschale entfernen, Suppe mit Salz, Pfeffer und Zitronensaft abschmecken. Die Kräuter unterrühren und die Suppe in Schalen oder tiefe Tellern verteilen.

Lupi-Facts!

Lupinenfilet passt wunderbar zur Suppkultur. Die vegane Fleischalternative liefert wenig Carbs, aber jede Menge hochwertiges Eiweiß und Ballaststoffe. Doch Achtung, es gibt Kreuzallergien: Wer Erdnüsse oder Soja nicht verträgt, kann auch mit dem Lupineneiweiß Probleme haben.

Green power!

>> Every day
is a chance
to change
your life. <<

UNBEKANNTER VERFASSER

Soup Storage

KOCHE DEINE SUPPEN AUF VORRAT, DANN
HAST DU LÖFFEL-VERGNÜGEN UND
GESCHMACK IMMER IN PETTO. DU KANNST
SIE IM KÜHLSCHRANK AUFBEWAHREN,
EINFRIEREN ODER EINWECKEN.

Cool Down

Mindestlöffelhaltbarkeitsdatum für Suppen im
Kühlschrank: 3 bis 4 Tage in einer gut abgedeckten
Schüssel, 2 bis 3 Wochen im Weckglas. Für den
Kurzzeit-Vorrat die fertige Suppe kochend heiß in
blitzblank saubere Gläser einfüllen, verschließen,
abkühlen lassen und im Kühlschrank aufbewahren.
Am besten notierst du das Datum auf dem Glas,
so hast du einen besseren Überblick. Suppen
schmecken beim Aufwärmen oft noch besser, weil
sich die Aromen dann erst so richtig entfalten.
Achte aber drauf, dass du Vorratssuppen nicht zu
stark würzt: Salz und Schärfe treten nach dem
Wiedererhitzen stärker hervor. Deshalb lieber
direkt im Teller nachwürzen.

Ab ins Glas!

Keine Zeit zum Kochen. Freunde kommen unvermutet ... Glasklar im Vorteil ist jeder, der sich mit selbst gemachten Suppen eingedeckt hat. Nichts geht schneller: Glas öffnen, im Topf oder in der Mikrowelle erwärmen, mit Frischem toppen, fertig! Das Erfolgsrezept: Verarbeite die schönsten Gemüse und Früchte der Saison und banne das Aroma von aromatischem Muskatkürbis, sonnenverwöhnten Tomaten und duftenden Aprikosen ins Glas. Wirklich wichtig sind picobello saubere Twist-off-Gläser, sonst wird die Suppe schnell schlecht. Portionsgläser und Deckel deshalb in einem großen Topf Wasser gründlich auskochen und mit Hilfe des Schaumlöffels oder eines Glashebers auf ein frisches Küchentuch stellen. Die Suppe kochend heiß in die Gläser füllen, ca. 10 Min. auf den Deckel stellen, umdrehen und vollständig auskühlen lassen. Damit du auch im Winter noch weißt, was drin ist: hübsche Etiketten mit Name und Herstellungsdatum daraufkleben oder umhängen (siehe letzte Buchseite). Kühl und dunkel lagern – so kannst du dich 3 bis 6 Monate an den leckeren Vorräten erfreuen.

Eiskalte Reserve

Du möchtest einfach loslöffeln? Dann mach es dir leicht – mit einer cremig pürierten Gemüsesuppe oder einer homemade Broth aus dem Kälteschlaf. Darauf kannst du jederzeit zurückgreifen, und du bewahrst beim Kochen einen kühlen Kopf. So geht Einfrieren: Die fertige Suppe vollständig abkühlen lassen und portionsweise in Gefrierboxen füllen. Auch Zipper-Gefrierbeutel eignen sich perfekt. Den Inhalt möglichst flach im Beutel verteilen, so friert alles schnell durch und passt gut ins Tiefkühlgerät. Behältnisse nie bis zur Oberkante befüllen, sondern etwas Luft lassen, weil sich die Flüssigkeit beim Gefrieren ausdehnt. Genial: Brühen und Suppen können bis zu 6 Monate bei Minusgraden lagern, ohne Geschmack und Nährstoffe einzubüßen. Vor dem Genießen die Suppe über Nacht im Kühlschrank auftauen lassen, dann langsam im Topf erhitzen.

To-Go-Soup

Es gibt eine heiße Blitz-Alternative zur Büroschnitte: Zu Hause schichtest du fein geschnittenes Gemüse, Kräuter, körnige Brühe, Gewürze, gegartes Fleisch und mehr in ein gut verschließbares Glas, das Hitze aushält. Prima geeignet sind Mason-Jar-Gläser aus Kunststoff oder Einmachgläser. Im Büro gießt du mittags kochendes Wasser darauf. Zugedeckt 5 Min. ziehen lassen – fertig ist eine healthy 5-Minuten-Terrine für den Lunch. Tipp: Zum Heißhalten vor dem Überbrühen eine an der Spitze aufgeschnittene Wollsocke wie eine Stulpe über das Glas ziehen.

Asia-Chicken-Soup mit Zucchini-Spirelli

FÜR 2 PERSONEN
ZUBEREITUNGSZEIT: 50 MIN.
PRO PORTION: CA. 385 KCAL |
33 G E | 23 G F | 9 G KH

→ 1 kleine Zwiebel
→ 1 Stück Ingwer (2 cm lang)
→ 1 Knoblauchzehe
→ 1 kleine rote Chilischote
→ 1 EL Rapsöl
→ 2 Hähnchenkeulen (à ca. 200 g)
→ 500 ml Gemüsebrühe (s. S. 47; ersatzweise Instant-Brühe)
→ 250 g Zucchini
→ 100 g Mungobohnensprossen
→ 6 Radieschen
→ 4 Stängel Koriandergrün
→ ½ Bio-Limette
→ 2 EL Sojasauce (z.B. Tamari, s. S. 123)

1. Zwiebel, Ingwer und Knoblauch schälen und fein würfeln. Die Chilischote längs halbieren, Kerne entfernen, die Hälften waschen und fein würfeln. In einem Topf das Öl erhitzen und Zwiebel, Ingwer, Knoblauch und Chili darin bei mittlerer Hitze 2–3 Min. andünsten. Die Hähnchen-keulen waschen, mit der Brühe in den Topf geben und offen langsam zum Kochen bringen. Die Hähnchenkeulen bei kleiner Hitze in 25–30 Min. gar köcheln.

2. Inzwischen Zucchini putzen, waschen und mit dem Spiralschneider in Spaghetti schneiden (alternativ mit einem Messer erst in Scheiben, dann längs in Streifen schneiden). Die Sprossen in einem Sieb abbrausen und abtropfen lassen. Radies-chen putzen, waschen und in Scheiben schneiden. Koriander waschen, trocken schütteln und die Blätter abzupfen. Limette heiß waschen, trocken reiben und mit dem Zestenreißer ca. 1 TL Streifen abziehen.

3. Die Hähnchenkeulen herausheben und etwas abkühlen lassen. Die Brühe durch ein Sieb gießen und erneut aufkochen lassen. Die Haut von den Hähnchenkeulen entfernen, das Fleisch ablösen und in kleine Stücke schneiden. Fleisch, Zucchi-ni-Spirelli, Limettenzesten und Sojasauce in die Brühe geben. Alles offen bei mittlerer Hitze 2 Min. ziehen lassen. Sprossen und Radieschen dazugeben, den Topf vom Herd nehmen. Die Suppe in Schalen verteilen und mit Korianderblättern garnieren.

Garnelen-Variante

Eilige Suppisten geben statt Hähnchen 200 g Garnelen mit den Zucchini in die Würz-Brühe. Alles 1 Min. köcheln lassen, übrige Zutaten rein, fertig!

Sweet-Sour-Soup

Wie beim Chinesen, nur viel besser: kitzelt den Gaumen süß, sauer und scharf und sorgt für maximalen Vitaminkick bei minimalen Kalorien.

FÜR 2 PERSONEN
ZUBEREITUNGSZEIT: 35 MIN.
PRO PORTION: CA. 345 KCAL |
20 G E | 13 G F | 36 G KH

→ 1 Ei
→ Salz | Pfeffer
→ ½ EL Rapsöl
→ 50 g Glasnudeln
→ 1 kleine rote Paprika
→ 1 Möhre
→ 2 Frühlingszwiebeln
→ 600 ml Hühnerbrühe (s. S. 60; ersatzweise Instant-Brühe)
→ 1 EL Reiswein (ersatzweise Fino Sherry)
→ 2 EL Sojasauce (z.B. Tamari, s. S. 123)
→ 1 EL Weißweinessig
→ ½ EL Rohrohrzucker
→ 200 g Tofu
→ 50 g Flusskrebsschwänze
→ 1 EL Hoisinsauce
→ 2 Stängel Koriandergrün

1. Das Ei in einem Schälchen mit Salz und Pfeffer verquirlen. Das Öl in einer kleinen beschichteten Pfanne erhitzen. Das Ei darin bei mittlerer Hitze in 3–4 Min. stocken lassen, dabei nach ca. 2 Min. wenden. Das Omelett auf einen Teller geben und abkühlen lassen. Die Glasnudeln nach Packungsangabe mit kochendem Wasser übergießen und gar ziehen lassen.

2. Die Paprika halbieren, weiße Trennwände und Kerne entfernen, die Hälften waschen und quer in dünne Streifen schneiden. Die Möhre schälen und zuerst längs in Streifen, dann quer in feine Stifte schneiden. Die Frühlingszwiebeln putzen, waschen und schräg in dünne Scheiben schneiden. In einem Topf die Brühe mit Reiswein, 1 EL Sojasauce, Essig, Zucker und Pfeffer langsam zum Kochen bringen. Das Gemüse hineingeben und in ca. 5 Min. bissfest garen.

3. Inzwischen den Tofu in ca. 2 cm große Würfel schneiden. Die Flusskrebse in einem Sieb abbrausen und abtropfen lassen. Den Koriander waschen, trocken schütteln und die Blätter abzupfen. Flusskrebse und Tofu in der Suppe erhitzen. Mit Hoisinsauce und der übrigen Sojasauce abschmecken.

4. Das Omelett aufrollen und in ca. 1 cm breite Scheiben schneiden. Die Glasnudeln in Schalen geben und die heiße Suppe darauf verteilen. Mit den Omelett-Schnecken und Korianderblättern garnieren.

Tom Kha Gai

FÜR 2 PERSONEN
ZUBEREITUNGSZEIT: 50 MIN.
PRO PORTION: CA. 395 KCAL |
29 G E | 26 G F | 10 G KH

→ 1 Stängel Zitronengras
→ 20 g Galgant (s. S. 122; Asienladen;
  ersatzweise Ingwer)
→ 1 rote Chilischote
→ 3 Stängel Koriandergrün (am besten mit
  Wurzeln)
→ 400 ml Hühnerbrühe (s.S. 60; ersatzweise Instant-Brühe)
→ 200 ml Kokosmilch
→ 2 Kaffir-Limettenblätter (s. S. 122)
→ 1 Hähnchenbrustfilet (ca. 200 g)
→ 100 g Strohpilze (Asienladen; ersatzweise Champignons)
→ 200 g Aubergine
→ 1 TL Palmzucker (ersatzweise Kokos-
  blüten- oder Rohrohrzucker)
→ 2 EL Fischsauce
→ 2 EL Limettensaft

1. Das Zitronengras putzen, waschen, mit
einer Messerklinge anquetschen und in
ca. 4 cm breite Stücke schneiden. Den
Galgant schälen und in Streifen schneiden.
Die Chilischote längs halbieren, Kerne
entfernen und die Hälften in feine Ringe
schneiden. Den Koriander waschen, trocken schütteln, Blätter abzupfen und beiseitelegen, Stiele und Wurzeln fein hacken.

2. Die Brühe mit Kokosmilch, Zitronengras, Galgant, Chili, Korianderstiele,
-wurzeln und Limettenblättern aufkochen
und bei kleiner Hitze zugedeckt ca. 20 Min.
ziehen lassen.

3. Inzwischen das Hähnchenfilet waschen,
trocken tupfen und quer in dünne Scheiben
schneiden. Die Pilze putzen, bei Bedarf mit
einem Tuch abreiben, und halbieren. Die
Aubergine putzen, waschen und in ca. 1 cm
große Würfel schneiden.

4. Die Kokossuppe durch ein Sieb gießen
und erneut aufkochen, mit Zucker, Fischsauce und Limettensaft kräftig würzen.
Hähnchen, Pilze und Auberginen dazugeben und bei kleiner Hitze in ca. 10 Min. gar
ziehen lassen. Die Suppe in Schalen verteilen und mit Korianderblättern bestreuen.

Turbo-Tipp

Die Kokosbrühe von S. 52 ist an-
stelle der aromatisierten Hühnerbrühe eine herrliche Grundlage
für die sämige Thai-Suppe. Einmal
zubereitet und eingefroren, beamt
sie dich noch schneller nach
Fernost. Nimm sie am Vortag aus
dem Tiefkühlfach und lasse sie im
Kühlschrank auftauen.

Échtes Thai-light!

Tomaten-Bouillabaisse

Ein guter Fang! Die südfranzösische Fischsuppe bringt Meereslust ins Haus, dazu reichlich hochwertiges Eiweiß und nervenstärkendes Vitamin B$_{12}$.

FÜR 2 PERSONEN
ZUBEREITUNGSZEIT: 40 MIN.
PRO PORTION: CA. 270 KCAL |
39 G E | 7 G F | 9 G KH

→ 300 g Tomaten
→ 400 ml Gemüsebrühe (s. S. 47; ersatzweise Instant-Brühe oder Fischbrühe, s. S. 55)
→ 1 kleine Zwiebel
→ 1 Knoblauchzehe
→ 1 Stange Staudensellerie
→ je 1 kleine rote und gelbe Paprika
→ 1 Zweig Rosmarin
→ 3 Zweige Thymian
→ 1 EL Olivenöl
→ Salz | Pfeffer
→ 125 g Kirschtomaten
→ 200 g weißfleischiges Fischfilet (z. B. Heilbutt, Kabeljau, Seelachs)
→ 200 g geschälte rohe Garnelen
→ 4 Stängel Petersilie
→ 1 EL Zitronensaft

1. Die Tomaten waschen, in grobe Stücke schneiden und dabei die Stielansätze entfernen. In einem Topf die Brühe mit den Tomaten aufkochen und zugedeckt bei mittlerer Hitze ca. 10 Min. kochen lassen.

2. Inzwischen Zwiebel und Knoblauch schälen und fein würfeln. Den Sellerie putzen, waschen und in dünne Scheiben schneiden. Die Paprika halbieren, weiße Trennwände und Kerne entfernen, die Hälften waschen und in Würfel schneiden. Rosmarin und Thymian waschen, trocken schütteln, die Blätter abzupfen und hacken.

3. Das Öl in einem Topf erhitzen. Zwiebel, Knoblauch, Sellerie, Paprika, Rosmarin und Thymian darin bei mittlerer Hitze 3–5 Min. andünsten, dabei mit Salz und Pfeffer würzen. Die Tomatenbrühe durch ein Sieb streichen, zur Paprikamischung geben und alles zugedeckt 5–6 Min. köcheln lassen.

4. Inzwischen die Kirschtomaten waschen und halbieren. Das Fischfilet und die Garnelen abbrausen und trocken tupfen, das Filet in mundgerechte Stücke schneiden. Fisch, Garnelen und Kirschtomaten in die Suppe geben und bei kleiner Hitze zugedeckt ca. 5 Min. ziehen lassen. Die Petersilie waschen und trocken schütteln, die Blätter abzupfen, hacken und in die Suppe rühren. Die Suppe mit Salz, Pfeffer und Zitronensaft abschmecken.

Kräuter-Topping

Rundet ab, hilft beim Verdauen: Die Blätter von je 1 Bund Petersilie und Basilikum mit etwas Salz, Zitronensaft und 60 ml Olivenöl mixen. Gekühlt ca. 5 Tage haltbar.

Soupe à l'oignon

Zwiebel-Liebelei – typisch französisch, aber Low-Carb: In dieser sämigen Suppe toppen gratinierte Tomaten das aromatische Löffel-Vergnügen.

FÜR 2 PERSONEN
ZUBEREITUNGSZEIT: 45 MIN.
PRO PORTION: CA. 265 KCAL |
9 G E | 18 G F | 10 G KH

→ 300 g Zwiebeln
→ 2 EL Olivenöl
→ 4 Zweige Thymian
→ 1 Knoblauchzehe
→ 75 ml trockener Weißwein
→ 500 ml Knochenbrühe (s. S. 57; ersatzweise Instant-Brühe)
→ 1 Lorbeerblatt
→ 40 g Bergkäse
→ 2 feste, reife Eiertomaten
→ Salz | Pfeffer
→ frisch geriebene Muskatnuss

1. Die Zwiebeln schälen und in feine Ringe schneiden oder hobeln. In einem Topf das Öl erhitzen und die Zwiebeln darin bei mittlerer Hitze in ca. 10 Min. goldbraun andünsten, dabei zwischendurch wenden.

2. Inzwischen den Thymian waschen, trocken schütteln und die Blätter abzupfen. Den Knoblauch schälen, fein würfeln, zu den Zwiebeln geben und kurz andünsten. Mit dem Wein ablöschen und die Brühe angießen. Ein paar Thymianblätter beiseitelegen, die übrigen mit dem Lorbeerblatt in die Brühe geben. Die Suppe aufkochen und zugedeckt ca. 15 Min. köcheln lassen.

3. Inzwischen den Backofengrill vorheizen. Den Käse reiben. Die Tomaten waschen und in 1–2 cm dicke Scheiben schneiden, dabei von den Stielansätzen befreien. Die Tomaten nebeneinander in eine kleine ofenfeste Form legen, mit dem Käse bestreuen und im Ofen (oben) 2–3 Min. grillen, bis der Käse zerlaufen ist.

4. Die Suppe mit Salz, Pfeffer und Muskatnuss würzen und das Lorbeerblatt entfernen. Die Suppe in Schalen verteilen, die Tomatenscheiben daraufsetzen und mit dem übrigen Thymian garniert servieren.

Zwiebelvielfalt

Je nach Zwiebelsorte bekommt die Suppe eine andere Geschmacksnote: Meistens nimmt man braune Zwiebeln, sie haben ein kräftiges Aroma. Milder sind weiße Gemüsezwiebeln und Frühlingszwiebeln. Ein Hingucker wird die Suppe, wenn du sie mit violetten Zwiebeln zubereitest.

>> Think
healthy
thoughts. <<

UNBEKANNTER VERFASSER

Apricot-Chia-Kaltschale

Power-Einlagen: Schoko-Cranberry-Pralinen und Chia-Samen machen aus der Aprikosenkaltschale ein Energy-Dessert.

FÜR 2 PERSONEN
ZUBEREITUNGSZEIT: 30 MIN. |
KÜHLZEIT: 2 STD.
PRO PORTION: CA. 300 KCAL |
6 G E | 9 G F | 34 G KH

- → 250 g reife Aprikosen
- → ½ Bio-Zitrone
- → 125 ml trockener Weißwein
- → 30 g Rohrohrzucker
- → 1 ½ EL Chia-Samen
- → 30 g getrocknete Soft-Cranberrys
- → 20 g gehackte Mandeln
- → ½ TL Kakaopulver (schwach entölt)
- → 1 Stängel Zitronenmelisse

1. Die Aprikosen waschen, halbieren, entsteinen und in Spalten schneiden. Die Zitrone heiß waschen und 2 Streifen Schale abschneiden. Wein, Zucker, Zitronenschale und 250 ml Wasser in einem Topf aufkochen. Die Aprikosen darin bei kleiner Hitze ca. 5 Min. ziehen lassen.

2. Die Chia-Samen unter die Aprikosen mischen. Etwas abkühlen lassen, die Zitronenschale entfernen und die Suppe ca. 2 Std. kühl stellen.

3. Inzwischen Cranberrys, Mandeln, Kakao und 1–2 TL Wasser im Blitzhacker fein mixen. Die Masse zu 6 Bällchen formen und kühl stellen. Die Zitronenmelisse waschen, trocken schütteln und die Blätter abzupfen. Die Kaltschale in tiefe Teller oder Schalen verteilen, je 3 Schoko-Cranberry-Pralinen hineingeben und mit Zitronenmelisse garnieren.

Good to Know

Chia ist ein super Ersatz für Bindemittel wie Gelatine oder Sago. Die schwarzen Körnchen quellen in kalter oder warmer Flüssigkeit in ca. 10 Min. gelartig auf.

Mon-Cherry-Soup mit Frozen Yoghurt

Erfrischendes Cool-down: Lauwarme Kirschen treffen auf himmlisch-kühles Joghurt-Sorbet und krönen jedes Menü.

FÜR 2 PERSONEN
ZUBEREITUNGSZEIT: 40 MIN. |
GEFRIERZEIT: 4 STD.
PRO PORTION: CA. 365 KCAL |
7 G E | 9 G F | 51 G KH

FÜR DEN FROZEN YOGHURT:
→ 1 Eiweiß
→ Salz
→ 200 g Joghurt
→ 2 EL Agavendicksaft
→ 1 EL Zitronensaft

FÜR DIE SUPPE:
→ 40 g Rohrohrzucker
→ 100 ml trockener Rotwein
→ 50 ml Orangensaft
→ ½ Bio-Orange
→ 250 g TK-Sauerkirschen (entsteint)
→ 1 Zimtstange
→ 2 Sternanis
→ ½ TL Johannisbrotkernmehl
→ ½ EL Zitronensaft
→ 1 EL Kakao-Nibs (s. S. 122)

1. Für den Frozen Yoghurt das Eiweiß mit 1 Prise Salz steif schlagen. Den Joghurt mit Agavendicksaft und Zitronensaft verrühren. Den Eischnee unterziehen und die Masse in einer kleinen Schüssel im Tiefkühlfach in 3–4 Std. fest werden lassen, dabei immer wieder mal durchrühren.

2. Für die Suppe den Zucker in einem Topf goldbraun karamellisieren lassen, mit Wein, Orangensaft und 150 ml Wasser ablöschen. Die Flüssigkeit köcheln lassen, bis der Karamell gelöst ist. Die Orange heiß waschen und 1 Streifen Schale abschneiden. Die Orangenschale mit Kirschen, Zimt und Sternanis im Weinsud zugedeckt ca. 10 Min. köcheln lassen. Die Gewürze entfernen. Das Johannisbrotkernmehl mit 2 EL kaltem Wasser anrühren und mit dem Zitronensaft untermischen.

3. Die Suppe lauwarm abkühlen lassen. Den Frozen Yoghurt aus dem Tiefkühlfach nehmen und antauen lassen. Die Suppe in tiefe Teller verteilen. Je 2–3 große Kugeln Frozen Yoghurt in die Mitte setzen und mit Kakao-Nibs bestreuen.

Mandel-Tonka-Süppchen

FÜR 2 PERSONEN
ZUBEREITUNGSZEIT: 40 MIN. |
GEFRIERZEIT: 12 STD.
PRO PORTION: CA. 460 KCAL |
16 G E | 27 G F | 39 G KH

→ 125 g grüne kernlose Weintrauben
→ 50 g geschälte Mandeln
→ 500 ml Milch
→ 1 getrocknete Tonkabohne
→ 1 EL Mandelblättchen
→ ½ TL Johannisbrotkernmehl
→ 2 EL flüssiger Akazienhonig (ersatzweise Orangenblütenhonig)

1. Am Vortag die Trauben waschen, abzupfen, trocken tupfen und in einem Gefrierbeutel über Nacht ins Tiefkühlfach legen.

2. Am Zubereitungstag die Mandeln mit 150 ml Milch im Standmixer oder in einem hohen Rührbecher mit dem Pürierstab glatt mixen.

3. Die übrige Milch in einen Topf geben. Mit der Muskatreibe etwas Tonkabohne in die Milch reiben, die restliche Bohne dazugeben und die Milch langsam aufkochen lassen. Die Mandel-Milch unter Rühren in die heiße Milch gießen und offen bei kleiner Hitze ca. 15 Min. ziehen lassen.

4. Inzwischen die Mandelblättchen in einer Pfanne ohne Fett goldbraun rösten. Dann auf einem Teller abkühlen lassen.

5. Die Tonkabohne aus der Suppe entfernen. Das Johannisbrotkernmehl mit 2 EL kaltem Wasser anrühren, in die Suppe rühren und alles kurz aufkochen lassen.

6. Dann vom Herd nehmen, den Honig einrühren und die Suppe in Schalen oder tiefe Teller verteilen. Die gefrorenen Trauben auf der Suppe anrichten und die Mandelblättchen daraufstreuen.

Tonka-Facts

Mit ihrer runzligen schwarzbraunen Haut ist die Tonkabohne das hässliche Entlein unter den Gewürzen. Doch der Eindruck täuscht: In den Samen der Tropenpflanze verbirgt sich ein paradiesischer Duft-Cocktail aus Mandel, Marzipan, Karamell, Süßholz und Vanille mit leichter Rumnote. Tonkabohne immer sparsam verwenden – wegen ihres intensiven Geschmacks und weil ihr Wirkstoff Cumarin in hoher Dosis schädlich ist.

Zitrusfrüchte-Gazpacho

Diese kalte Suppe ist ein erfrischender Absacker zum Abschluss eines Menüs. Dank reichlich Vitamin C weckt sie die Lebensgeister und ist Doping für die Abwehr.

FÜR 2 PERSONEN
ZUBEREITUNGSZEIT: 30 MIN. |
KÜHLZEIT: 2 STD.
PRO PORTION: CA. 435 KCAL |
6 G E | 26 G F | 39 G KH

→ 1 Bio-Limette
→ 1 rosa Grapefruit
→ 1 Orange
→ 1 Mandarine
→ 200 ml Kokosmilch
→ 3 EL Kokosblütenzucker
→ ¼ TL gemahlene Vanille
→ ¼ TL Zimtpulver
→ 1 ½ EL Pinienkerne
→ 3 Stängel Zitronenmelisse

1. Die Limette heiß waschen, abtrocknen, die Schale mit dem Zestenreißer in feinen Streifen abziehen und zugedeckt beiseitelegen. Limette, Grapefruit und Orange mit einem Messer so dick schälen, dass auch die weiße Haut entfernt wird. Von der Grapefruit und der Orange die Filets aus den Trennhäuten schneiden, dabei den abtropfenden Saft auffangen. Die Limette klein würfeln. Die Mandarine schälen, in Spalten teilen und dabei die weiße Haut entfernen.

2. Etwa ein Drittel der Zitrusfilets beiseitelegen, die übrigen mit dem aufgefangenen Saft, Kokosmilch, Kokosblütenzucker, Vanille und Zimt im Standmixer oder in einem hohen Rührbecher mit dem Pürierstab fein mixen. Die Zitrussuppe ca. 2 Std. kühl stellen.

3. Inzwischen die Pinienkerne in einer Pfanne ohne Fett goldbraun rösten, auf einem Teller abkühlen lassen und grob hacken. Die Zitronenmelisse waschen, trocken schütteln, die Blätter abzupfen und in feine Streifen schneiden. Pinienkerne, Zitronenmelisse und Limettenzesten zu einer Gremolata mischen.

4. Die Gazpacho in Tassen oder Schalen verteilen. Die übrigen Zitrusfilets darauf verteilen und mit der Gremolata bestreuen.

Blitzschnell eisig

Die Zitrussuppe kannst du ratzfatz kühlen, wenn du sie in einer großen flachen Schale (z. B. einer Auflaufform) ca. 30 Min. ins Tiefkühlfach stellst.

Beerensuppe mit Minty Balls

FÜR 2 PERSONEN
ZUBEREITUNGSZEIT: 40 MIN. |
KÜHLZEIT: 1 STD.
PRO PORTION: CA. 325 KCAL |
5 G E | 13 G F | 38 G KH

→ 100 g Buttermilch
→ 1 EL flüssiger Honig
→ 2 EL Zitronensaft
→ 2 TL Johannisbrotkernmehl
→ 50 g Sahne
→ 10 Minzeblätter
→ 300 g gemischte Beeren (z.B. Himbeeren, Heidelbeeren, Johannisbeeren,
  Brombeeren)
→ 1 EL Bourbon-Vanillezucker
→ 125 ml trockener Sekt (ersatzweise
  Mineralwasser mit Kohlensäure)
→ 1 EL Pistazienkerne

1. Die Buttermilch mit Honig, Zitronensaft
und Johannisbrotkernmehl verrühren. Die
Mischung ca. 20 Min. kühl stellen, bis die
Masse anfängt fest zu werden.

2. Inzwischen die Sahne steif schlagen. Die
Minzeblätter waschen und trocken tupfen.
2 Blätter beiseitelegen, die übrigen fein
hacken. Sahne und Minze unter die Buttermilchmasse heben und im Kühlschrank in
ca. 1 Std. fest werden lassen.

3. Die Beeren abbrausen und trocken
tupfen. 100 g Beeren beiseitelegen, die
übrigen mit Vanillezucker und Sekt in
einen hohen Rührbecher geben und mit
dem Pürierstab kurz mixen. Die Frucht-
masse durch ein Sieb streichen und in tiefe
Teller oder Schalen verteilen.

4. Einen Teelöffel in heißes Wasser tauchen, von der Buttermilchmasse Nocken
abstechen und auf die Beerensuppe setzen.
Die übrigen Beeren darauf verteilen. Die
Pistazien hacken und darüberstreuen. Die
Beerensuppe mit der übrigen Minze garnieren und sofort servieren.

Winter-Variante

Auch im Winter musst du auf
diese beerenstarke Suppe nicht
verzichten. Nimm eine TK-Bee-
renmischung und lasse sie über
Nacht im Kühlschrank auftauen.

>> Lass mich
in deinen
Suppentopf
gucken und ich sage
dir, wer du bist. <<

RUSSISCHES SPRICHWORT

Buzzwords

AÇAIBEERE

Die dunkelviolette brasilianische Beere, die es bei uns als Pulver und Saft gibt, punktet mit enorm vielen Antioxidantien, die freie Radikale neutralisieren und Zellschäden reduzieren können.

BERBERITZEN

s. Tipp S. 76

CHUFA

Die Erdmandel, auch Tigernuss genannt, ist die Wurzelknolle des Erdmandelgrases und schmeckt süßlich-nussig. Neben Ballaststoffen enthält sie weitere wertvolle Inhaltsstoffe, die vor freien Radikalen schützen sowie das Immunsystem und die Nerven stärken.

DATTELSIRUP

In dem naturbelassenen Süßungsmittel aus den Früchten der Dattelpalme stecken viele Mineral- und Ballaststoffe. Es soll ein Heilmittel gegen bakterielle Infektionen sein und ähnlich wie ein Antibiotikum wirken.

DAIKON-KRESSE

Die Sprossen aus Samen des japanischen Daikon-Rettichs haben einen angenehm würzigen Radieschengeschmack und sind reich an Vitamin A, C, B$_1$ und B$_2$.

GALGANT

Das milde, ingwerähnliche Rhizom aus Südostasien ist appetitanregend und verdauungsfördernd. Es hilft bei der Behandlung von Erkältungen und Fieber. Galgant gibt es in Asienläden zu kaufen.

GHEE

Geklärte Butter, wie sie im Ayurveda verwendet wird. Wirkt entzündungshemmend, entgiftend, regt den Stoffwechsel an und verbessert die Verdauung.

GRÜNKOHL

Vom bescheidenen Winterkohl zum Trendgemüse – Grünkohl hat auf dem US-Markt unter dem Namen »kale« Karriere gemacht. In ihm stecken viel Vitamin A und C, viele B-Vitamine und reichlich Kalzium.

HARISSA

Die scharfe Würze aus dem Orient besteht aus bis zu 20 frischen und getrockneten Gewürzen. Sie fördert die Durchblutung, hat einen positiven Effekt auf die Verdauung.

KAKAO-NIBS

Schokolade in seiner natürlichsten Form – hergestellt aus fermentierten, rohen Kakaobohnen. Sie ist reich an Magnesium, Kalium, Zink, Ballaststoffen und Antioxidantien.

KAFFIR-LIMETTENBLÄTTER

Die grünen glänzenden Blättern sind typisch für die Thai-Küche und verleihen Suppen und Gerichten Zitrusaroma. Es gibt sie frisch oder getrocknet in Asienläden.

KOMBU-ALGEN

Die dunkelbraunen Braunalgen, auch Kelp genannt, wachsen in Japan und im Atlantik vor der Bretagne. Meist werden sie getrocknet in Asienläden angeboten. Sie sind reich an Jod, Kalzium, Eisen und Provitamin A.

LUPINENFILET
s. Tipp S. 94

MATCHA
Das feine grüne Pulver aus der japanischen Grünteepflanze Tencha enthält viele sekundäre Pflanzenstoffe. Es regt den Stoffwechsel an und erhöht die Konzentrationsfähigkeit.

MAULBEEREN
Frisch und getrocknet: Die brombeerähnlichen Früchte sind reich an Vitaminen, Mineralien und Antioxidantien – gut als Zellschutz und für ein gesundes Herz-Kreislauf-System.

MISO
Die würzige Paste aus fermentierten Sojabohnen besitzt alle essenziellen Aminosäuren, Linolsäure, Lecithin, viele Mineralstoffe und B-Vitamine. Sie wirkt günstig auf die Verdauung (s. auch Tipp S. 92).

TAMARI
Das chinesische Original: Die glutenfreie Sojasauce mit kräftigem Geschmack wird ganz natürlich und ausschließlich aus Sojabohnen hergestellt.

TONKABOHNE
s. Tipp S. 114

Where to Buy

EINZELHANDEL MIT ONLINESHOPS
Spezielle Lebensmittel
Vom Açaipulver über Cashewmus und Ghee bis hin zu Kakao-Nibs und Shiitake – in diesen Shops wirst du immer fündig:
Alnatura (www.alnatura.de)
Basic Biomarkt (www.basicbio.de)
Denn's Biomarkt (www.denns-biomarkt.de)
Reformhaus (www.reformhaus.de)
Tegut (www.tegut.com)
Vollcorner Biomarkt (www.vollcorner.de)

ONLINEHANDEL
Thermogefäße und Gläser
Die richtigen Behältnisse für selbst gemachte To-go-Suppen in großer Auswahl – aussuchen, bestellen und genießen!
www.alfi-isolierkanne.de

www.culinaris.eu
www.emsa.de
www.glaeserundflaschen.de
www.josephjoseph.com
www.mehr-gruen.de/haushalt
www.sistema-to-go.de

Einmachgläser und Gefrierbehälter
Clever vorsorgen: Suppen einmachen oder einfrieren, wenn Zeit ist. Genießen, wenn wenig Zeit zum Kochen bleibt.
www.flaschenbauer.de
www.flaschenland.de
www.glaeserundflaschen.de
www.kigima.com/Gefrierbehaelter
www.rothoshop.de
www.tupperware.de

Register

Damit du Rezepte mit bestimmten Zutaten noch schneller findest, sind in diesem Register auch beliebte Zutaten wie Bananen und Möhren alphabetisch eingeordnet und hervorgehoben. Darunter findest du das Rezept deiner Wahl. Vegetarische Rezepte sind farblich markiert.

Eat healthy
Be happy!

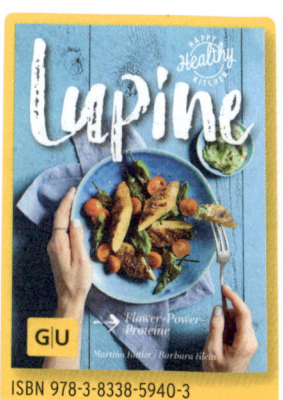

Lupine
Flower-Power-Proteine
Martina Kittler / Barbara Klein
ISBN 978-3-8338-5940-3

Green Cooking
Power-Gemüse und mehr
Chantal Sandjon
ISBN 978-3-8338-6188-8

Coconut Cooking
Da, iss die Kokosnuss
Hannah Frey
ISBN 978-3-8338-5939-7

Müsli Mixing
Superkerne mit Biss
Chantal Sandjon
ISBN 978-3-8338-5941-0

Big Bowls
Einfach gute Schüsselküche
Dagmar Reichel
ISBN 978-3-8338-5938-0

e Alle hier vorgestellten Bücher sind auch als eBook erhältlich.

Mehr von GU auf **www.gu.de** und
f **facebook.com/gu.verlag**

G|U
Willkommen im Leben.

Impressum

© 2017 GRÄFE UND UNZER VERLAG GmbH, München

Alle Rechte vorbehalten. Nachdruck, auch auszugsweise, sowie Verbreitung durch Bild, Funk, Fernsehen und Internet, durch fotomechanische Wiedergabe, Tonträger und Datenverarbeitungssysteme jeder Art nur mit schriftlicher Genehmigung des Verlages.

Konzept: Marline Ernzer, Stefanie Poziombka

Projektleitung: Marline Ernzer

Lektorat: Gertrud Köhn

Korrektorat: Petra Bachmann

Bildredaktion: Nele Radtke, Marline Ernzer

Innen- und Umschlaggestaltung: Anzinger und Rasp Kommunikation GmbH, München

Herstellung: Martina Koralewska

Satz: L42 AG, Berlin

Reproduktion: Medienprinzen, München

Druck und Bindung: F+W Druck- und Mediencenter, Kienberg

Printed in Germany

ISBN 978-3-8338-6151-2

1. Auflage 2017

Die GU-Homepage finden Sie unter www.gu.de

GRÄFE UND UNZER

Ein Unternehmen der
GANSKE VERLAGSGRUPPE

f www.facebook.com/gu.verlag

DIE AUTORIN

Martina Kittler ist Diplom-Oecotrophologin und leidenschaftliche Kochbuch-Autorin, die es versteht, Genuss und gesunde Ernährung in kreative und alltagstaugliche Rezepte umzusetzen. Mit viel Begeisterung hat sie sich die kunterbunten, unkomplizierten Suppenkreationen ausgedacht, die für den ultimativen Geschmackskick sorgen.

DIE FOTOGRAFIN

Nicky Walsh zog nach zehn Jahren Fotografentätigkeit in London nach Berlin und arbeitet dort nun für Redaktionen und Werbekunden. Zusammen mit **Max Faber** (Foodstyling), **Felix Tornow** (Assistenz), **Maria Struck** (Styling) und **Elise Reid** (Handmodel) hat sie gelöffelt, was das Zeug hält und die bunten Suppen mit viel Kreativität in Szene gesetzt.

BILDNACHWEIS

Alle Fotos: Nicky Walsh, Berlin

Titelfoto und U4: Nicky Walsh, Berlin

Weitere Fotos: iStock: S. 2, 6, 24, 34, 62, 98, 120; Seasons Agency: S. 87 (u.li.); Shutterstock: S. 86; Stocksy: S. 87 (o.li., o.re.); Unsplash: S. 96 (Alex Lehner), 110 (Brooke Cagle).
Illustrationen: Tanja Meyer, Bonn

TITELREZEPT

Orange-Yellow-Soup (S. 80)

Syndication:

www.seasons.agency

Liebe Leserin, lieber Leser,

haben wir Ihre Erwartungen erfüllt? Sind Sie mit diesem Buch zufrieden? Haben Sie weitere Fragen zu diesem Thema? Wir freuen uns auf Ihre Rückmeldung, auf Lob, Kritik und Anregungen, damit wir für Sie immer besser werden können.

GRÄFE UND UNZER Verlag
Leserservice
Postfach 86 03 13
81630 München
E-Mail:
leserservice@graefe-und-unzer.de

Telefon: 00800 / 72 37 33 33*
Telefax: 00800 / 50 12 05 44*
Mo–Do: 9.00 – 17.00 Uhr
Fr: 9.00 – 16.00 Uhr
(* gebührenfrei in D, A, CH)

Ihr GRÄFE UND UNZER Verlag
Der erste Ratgeberverlag – seit 1722.

Umwelthinweis:
Dieses Buch ist auf PEFC-zertifiziertem Papier aus nachhaltiger Waldwirtschaft gedruckt.
Umschlag: ZanpacTouch

Backofenhinweis:
Die Backzeiten können je nach Herd variieren. Die Temperaturangaben in unseren Rezepten beziehen sich auf das Backen im Elektroherd mit Ober- und Unterhitze und können bei Gasherden oder Backen mit Umluft abweichen. Details entnimmst du bitte deiner Gebrauchsanweisung.